Genogramme im Business Coaching

Wie ein strukturiert-analytischer Blick auf die Herkunftsfamilie neue Perspektiven auf ein aktuelles Coaching Anliegen eröffnen kann

Ulrike Proesl

Impressum

Bibliografische Information der Deutschen Nationalbibliothek:
Die Deutsche Nationalbibliothek verzeichnet diese Publikation in der
Deutschen Nationalbibliografie; detaillierte bibliografische Daten sind
im Internet über http://dnb.dnb.de abrufbar.

© 2020 Ulrike Proesl

Herstellung und Verlag: BoD – Books on Demand, Norderstedt

ISBN: 978-3-7519-2251-7

Inhaltsverzeichnis

Ziel eines beruflichen Coachings ist oft, im Leben einen guten eigenen Platz zu finden, bei dem das persönliche Wachstum, der Anstrengungswille, die eigenen Fähigkeiten, Ressourcen und Lebensziele optimal zur Geltung kommen. Werte und Prägungen aus der Herkunftsfamilie spielen dabei eine entscheidende Rolle, auch und gerade wenn dies dem Klienten nicht bewusst ist.

‚Wenn Sie wissen, was Sie von Ihrer Familie ererbt haben, kann Ihnen dies die Freiheit geben, Ihre Zukunft zu verändern.'[1] Und ‚Je mehr wir über unsere Familie wissen, desto mehr wissen wir über uns selbst, und desto mehr Freiheit haben wir, zu bestimmen, wie wir leben wollen.'[2]

Mit dieser Arbeit möchte ich daher zeigen, wie Genogramme im Business Coaching hilfreich und nützlich sein können - Wie ein strukturiert-analytischer Blick auf die Herkunftsfamilie neue Perspektiven auf ein aktuelles Coaching Anliegen eröffnen kann.

---

[1] Monica McGoldrick, Wieder heimkommen. Auf Spurensuche in Familiengeschichten, Carl-Auer Verlag, 3. Auflage, 2013, S. 13

[2] Monica McGoldrick, Wieder heimkommen. Auf Spurensuche in Familiengeschichten, Carl-Auer Verlag, 3. Auflage, 2013, S. 13

‚Mit der Geburt wird jemand, ohne dass er danach gefragt wurde, in eine spezifische Situation hineingestellt. Das ist das Vorgegebene, das dem Hineingestellten zur Gestaltung aufgegeben ist.'[3]

Im vorliegenden Fachbuch möchte ich zeigen, wie Genogramme im Business Coaching hilfreich und nützlich eingesetzt werden können und wie ein strukturiert-analytischer Blick auf die Herkunftsfamilie neue Perspektiven auf ein aktuelles Coaching-Anliegen eröffnen kann.

Hierzu erläutere ich zuerst die Grundlagen der Genogrammarbeit und relevantes Hintergrundwissen zur Familie.

Danach wird das Genogramm im Kontext des Berufes beleuchtet und das Genogramm im Business Coaching beschrieben.

Die Arbeit schließt mit einer kritischen Betrachtung.

FRAGESTELLUNG UND ZIEL

Meine Frage ist,

- ob die Arbeit am Genogramm dem Klienten helfen kann, eigene berufliche

---

[3] Bruno Hildenbrand, Genogrammarbeit für Fortgeschrittene. Vom Vorgegebenen zum Aufgegebenen, Carl-Auer Verlag, 1. Auflage, 2018, S. 168

Entscheidungen besser zu verstehen, eigene Verhaltensmuster besser zu erkennen und künftig besser zu steuern.

- Ob daher die Arbeit am Genogramm künftig im Business Coaching mehr Gewicht bekommen sollte, ggf. sogar als eigener Fortbildungsbaustein für professionelle Business Coaches.

Mein Ziel ist daher,

die Methode der Genogrammarbeit im Business Coaching bekannter zu machen.

Ist Genogrammarbeit im Business Coaching heute nur ein unbekanntes Nischenformat, so könnte es künftig zu einem wertvollen Werkzeug im Coaching werden.

Ich beginne mit den notwendigen Definitionen:

Definition Genogramm

‚Ein Genogramm (Kofferwort aus Genealogie und Diagramm) ist eine Darstellungsform verwandtschaftlicher Zusammenhänge, die vor allem in der Systemischen Familientherapie verwendet wird, um Familienbeziehungen, wiederkehrende Konstellationen und medizinische Vorgeschichte darzustellen und zu evaluieren; es geht inhaltlich weit über einen Familienstammbaum hinaus. Mit einem Genogramm sollen Verhaltensmuster, beziehungsbestimmende psychologische Faktoren und sich innerhalb einer Familie wiederholende Verhaltensweisen visualisiert und anschließend analysiert werden.

Im weiteren Sinn werden Genogramme bzw. die an ihnen angelehnte Schematisierung auch über familiäre Zusammenhänge hinausgehend beispielsweise zur Sozialen Netzwerkanalyse herangezogen, um Verbindungen, Zusammenhänge und Konfliktlinien in sehr breit gefächerten Themengebieten bis hin zu globalen Verflechtungen von Wirtschaft und Politik zu veranschaulichen.'[4]

Stellen wir also einige Coaching Fragen zum Genogramm:

- Inwieweit haben die Prägungen aus der Herkunftsfamilie bestimmenden Einfluss auf die persönliche Berufswahl?

- Kann das Genogramm eine Art Kraftquelle sein und bei der Beantwortung beruflicher Fragestellungen helfen?

- Wie frei sind Menschen wirklich in ihrer Berufswahl, sind sie doch immer in einen sozialen Kontext hineingeboren worden.

- Inwieweit werden Konfliktfähigkeit und Führungskompetenz bereits in der Kindheit durch Vorbilder (oder Nichtvorbilder) lebensprägend erlernt?

---

[4] Wikipedia Lexikon, https://de.wikipedia.org/wiki/Genogramm, Definition, aufgerufen am 16.01.2020 um 12:45 Uhr

Definition Business Coaching

‚Ein Business Coaching ist eine prozessorientierte Beratungsform, in der schwerpunktmäßig berufliche Themen behandelt werden. Ziel dieser Form des Coachings ist grundsätzlich, Menschen in ihrer beruflichen Entwicklung zu begleiten, sie dabei zu unterstützen, ihre Stärken und Fähigkeiten zu erkennen und jene zu nutzen, um nachhaltig erfolgreich zu sein und die berufliche Tätigkeit als erfüllend zu erleben. [...] Zu den wichtigsten Themenbereichen im Business Coaching zählen:[2]

- Berufliche Neuorientierung: Persönliche Standortbestimmung, Stärkenanalyse und Richtungsfindung

- Führungsaufgaben und –kompetenzen

- Umgang mit und Lösung von Konflikten

- Karriere und berufliche Weiterentwicklung

- Begleitung von Entscheidungen und Veränderungen

Hinzu kommen Spezialthemen wie z. B. die Leitung virtueller Teams oder eine gezielte Burnout-Prophylaxe.'5

Dazu auch Dr. Björn Migge: ‚Coaching ist ein partnerschaftliches Miteinander. Der Klient hat hierbei ein Veränderungsziel sowie ein Ziel hinter dem Ziel. Partnerschaftlich wird geplant, auf welche Weise dies so bearbeitet werden kann, dass der Klient durch eigene Ressourcen vorankommt.'6

Zur Struktur meiner Arbeit:

- Abschnitt A zeigt die Grundlagen der Genogrammarbeit
- In Teil B erklärt relevantes Hintergrundwissen zur Familie
- Teil C behandelt speziell den Beruf im Kontext des Genogramms
- Abschnitt D befasst sich mit den Einsatzmöglichkeiten von Genogrammen im Business Coaching.
- In Teil E folgt in eine kritische Betrachtung des Gesamtthemas, auch der Frage, ob und wann Genogramme nicht im Business Coaching geeignet sind.

---

5 Wikipedia Lexikon,
https://de.wikipedia.org/wiki/Business_Coaching,
aufgerufen am 16.01.2020 um 12:30 Uhr
6 Björn Migge, Handbuch Coaching und Beratung, Beltz Verlag, 4. Auflage, 2018, S. 208

Zu Zwecken der besseren Lesbarkeit wurde die männliche Form gewählt (der Coach, der Klient etc.)

Definition Beruf

‚Ein Beruf ist die im Rahmen einer arbeitsteiligen Wirtschaftsordnung aufgrund besonderer Eignung und Neigung systematisch erlernte, spezialisierte, meistens mit einem Qualifikationsnachweis versehene, dauerhaft und gegen Entgelt ausgeübte Betätigung eines Menschen. Der Begriff ist abzugrenzen vom umgangssprachlichen Ausdruck Job, der eine Erwerbstätigkeit bezeichnet, die nur vorübergehend ausgeübt wird oder nicht an eine besondere Eignung oder Ausbildung gebunden ist.'[7]

A, GRUNDLAGEN DER GENOGRAMMARBEIT

Genogramme werden üblicherweise in folgenden Zusammenhängen erstellt:

- In der Familienforschung, z.B. zur Erforschung von Migration, historischen Ereignissen, Heiratsmustern.

- In der Medizin, um Gesundheitsrisiken und Krankheitshäufigkeiten aufzuzeigen, z.B. Krebsrisiken oder Erbkrankheiten.

---

[7] Wikipedia Lexikon, https://de.wikipedia.org/wiki/Beruf, Anwendung, aufgerufen am 16.01.2020 um 12 Uhr

-   In der Psychotherapie, um Konflikt- und Verhaltensmuster eines Patienten besser zu verstehen.

-   In der Sozialarbeit, um Bindungen zwischen Familienmitgliedern und dem sozialen Umfeld eines Klienten nachzuvollziehen.

-   In der Forschung, auch bzgl. Pflanzen und Tierspezies, z.B. zur Erforschung von Sozialstrukturen innerhalb von Herden, Überlebensstrategien oder Jagdverhalten.

-   In der Bildung zur Darstellung berühmter Familien und deren Diskussion.[8]

Eine Verwendung von Genogrammen im Sinne des Business Coaching ist somit noch weitestgehend neu. Mich reizt daher die Frage:

> Können Genogramme im Rahmen des Business Coaching sinnvoll eingesetzt werden?
>
> Welcher Nutzen und Mehrwehrt ist daraus möglich?

---

[8] Wikipedia Lexikon, https://de.wikipedia.org/wiki/Genogramm, Anwendung, aufgerufen am 16.01.2020 um 12:15 Uhr

Gibt es Chancen und
Risiken?

Was spricht dafür, was
dagegen?

Wir starten mit der Technik zur Erstellung von Genogrammen. Ich verwende dafür die Methodik von Prof. Dr. Bruno Hildenbrand, da sie mir sehr stimmig und schlüssig erscheint, ich diese bei ihm lernen durfte und seit Jahren immer wieder anwende.

In dieser Abhandlung wurden reale Genogramme anonymisiert. Ich habe mich dabei auf so viele Details beschränkt, wie zur Darstellung des jeweiligen Themas notwendig waren.

Aufbau und Struktur des Genogramms

‚Zunächst wird ein Genogramm über mindestens drei Generationen hinweg anhand der „objektiven" Daten analysiert mit dem Ziel, eine zentrale Hypothese zum Handlungs- und Orientierungsmuster dieses bestimmten Falls zu entwickeln, das den Rahmen liefert für alltägliche Entscheidungen.'[9]

‚Noch bevor Menschen geboren sind, entsteht ihre Biografie.'[10]. Wir starten also mit den Ahnen.

---

9 Bruno Hildenbrand, Einführung in die Genogrammarbeit, Carl-Auer Verlag, 1. Auflage 2005, S. 23

[10] Hans G. Ruhe, Methoden der Biografiearbeit, Beltz Verlag, 2. Auflage, 2003, S. 16

Begonnen wird, nach der Methode von Bruno Hildenbrand, immer mit dem Großvater väterlicherseits, in der Darstellung immer links oben. Nun werden zum Großvater alle Daten erfasst, die eben bekannt sind. Ein anonymisiertes Beispiel:

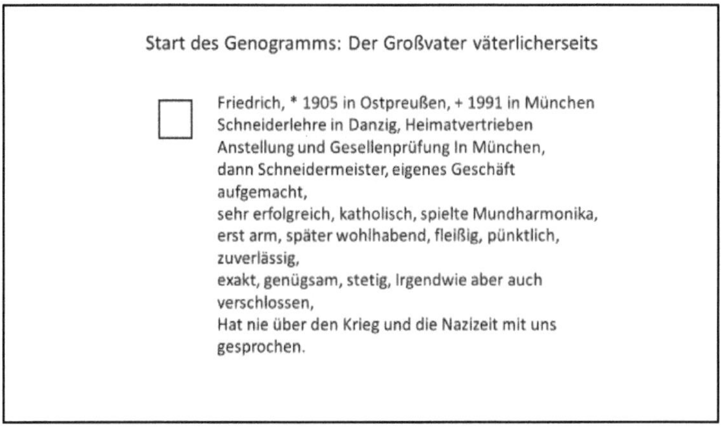

Start des Genogramms: Der Großvater väterlicherseits

Friedrich, * 1905 in Ostpreußen, + 1991 in München
Schneiderlehre in Danzig, Heimatvertrieben
Anstellung und Gesellenprüfung In München,
dann Schneidermeister, eigenes Geschäft aufgemacht,
sehr erfolgreich, katholisch, spielte Mundharmonika,
erst arm, später wohlhabend, fleißig, pünktlich, zuverlässig,
exakt, genügsam, stetig, Irgendwie aber auch verschlossen,
Hat nie über den Krieg und die Nazizeit mit uns gesprochen.

Abbildung 1: Start des Genogramms - der Grossvater väterlicherseits (Beispiel)

Einige dieser Informationen mag der Klient selbst aus seiner Kindheit erinnern, einiges sind Geschichten und Legenden, die im Familienkontext weitergegeben wurden.

Als wichtige Familieninformationen sollte man -so meine persönliche Erfahrung- zu jeder Person im Genogramm abfragen:

- Vorname, Name
- Geburts- und Sterbedatum

- Ausbildung
- Erlernter Beruf, ausgeübte Berufe
- Wohnorte, Umzüge
- Religion
- Ethnie
- Ggf. besondere kennzeichnende Merkmale wie Krankheiten, Charakter

Im nächsten Schritt steht die Frage, ob dieser Großvater sich denn auch eine Partnerin gesucht hat, und welche Optionen ihm damals offenstanden.

Auch zur Großmutter wird aufgeschrieben, was bekannt ist. Die Kinder der Großeltern werden erfasst. Auch Kinder, die nicht oder nur kurz gelebt haben, sollten mit aufgenommen werden – soweit dem Klienten bekannt.

Warum bei den Großeltern anfangen und von dort nach vorne arbeiten, und nicht beim Klienten, von dort rückwärts? Dazu Hildenbrand:

‚Mich interessiert der Prozess des Werdens. Ich möchte nicht anfangen mit dem, was ist, sondern rekonstruieren, was wird.‘[11]

Und ‚Interessant an einem solchen spontan erinnerten Genogramm ist, welche Personen dort anwesend sind und welche fehlen. [...]

Thematisiert werden dann die Möglichkeiten, die die Vorfahren realisiert haben (oder auch nicht). Das

---

11 Bruno Hildenbrand, Genogrammarbeit für Fortgeschrittene. Vom Vorgegebenen zum Aufgegebenen, Carl-Auer Verlag, 1. Auflage, 2018, S. 186

kann einen mäeutischen Prozess anstoßen, der wie von selbst den Blick auf die Möglichkeiten des oder der Klienten richtet.'[12]

Leider findet man in der Literatur keine grafische Anleitung zur Reihenfolge, ich habe dies daher wie folgt veranschaulicht:

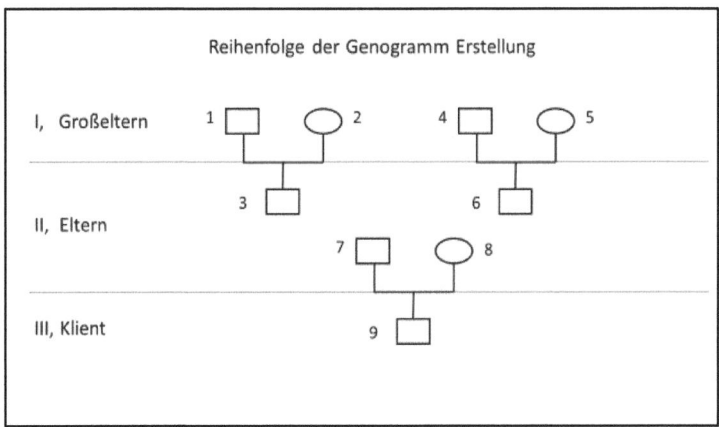

Abbildung 2: Reihenfolge der Genogramm Erstellung (eigene Darstellung)

Der Übersichtlichkeit halber habe ich hier eine Einkindfamilie über mehrere Generationen gewählt. Bei Familien mit mehr Protagonisten verschieben sich die Nummern entsprechend.

Als Start in diese Methode ist eine solch übersichtliche Familie empfehlenswert.

---

[12] Bruno Hildenbrand, Genogrammarbeit für Fortgeschrittene. Vom Vorgegebenen zum Autgegebenen, Carl-Auer Verlag, 1. Auflage, 2018, S. 55

Tabelle 1: Personen im Genogramm

Nr.	Person im Genogramm	Hinweise
1	Großvater väterlicherseits	Den Großvater als jungen Erwachsenen anschauen, in der damaligen Zeit
2	Großmutter väterlicherseits	Die Großmutter als junge Erwachsene anschauen, in der damaligen Zeit
3	Vater als Kind (ggf. umgeben von Geschwistern)	Den Vater als Kind anschauen, ggfs. umgeben von Geschwistern, in der damaligen Zeit
4	Großvater mütterlicherseits	Den Großvater als jungen Erwachsenen anschauen, in der damaligen Zeit
5	Großmutter mütterlicherseits	Die Großmutter als junge Erwachsene anschauen, in der damaligen Zeit
6	Mutter als Kind (ggf. umgeben von Geschwistern)	Die Mutter als Kind anschauen, ggfs. umgeben von Geschwistern, in der damaligen Zeit
7	Vater als junger Erwachsener	Der Vater trifft auf die Mutter…
8	Mutter als junge Erwachsene	Die Mutter trifft auf den Vater…

Nr.	Person im Genogramm	Hinweise
9	Klient	Blick auf den Klienten als Kind, ggf. umgeben von Geschwistern

Nun wird das Genogramm möglichst vollständig erfasst.

Dazu Monica McGoldrick: ‚Zuerst untersuchen Sie die grundlegenden Fakten, die Ihre Familie betreffen: die genauen Umstände von Geburten, Todesfällen, Beziehungen, Umzügen, Hochzeiten, gerichtlichen Prozessen und Erbregelungen – den Bodensatz des Lebens.'[13]

Ist das Genogramm des Klienten bzgl. seiner Herkunftsfamilie fertig, kommt – meist auf einem separaten Blatt – das Genogramm seiner Partnerin.

Zuletzt, je nach Lebensalter, auf wieder einem weiteren Blatt, die eigenen Kinder, Schwiegerkinder, und Enkel.

Werkzeuge der Genogramm Erstellung

Es lohnt sich also das Genogramm so vollständig wie möglich zu erfassen. Meine persönliche Empfehlung dafür ist

---

[13] Monica McGoldrick, Wieder heimkommen. Auf Spurensuche in Familiengeschichten, Carl-Auer Verlag, 3. Auflage, 2013, S. 27

- mit Papier, Bleistift und Radierer auf einem DIN A3 Zeichenblock oder DIN A4 Karoblock zu arbeiten, und an einem großen Tisch mit dem Klienten zu sitzen, bzw. ein Flipchart zu verwenden. (Auch mögliche Abstandsregelungen lassen sich hier sinnvoll einhalten)

- Ist die Familie groß und das erste Blatt voll, kann man ein zweites Blatt rechts ankleben.

- Meist braucht auch die Herkunftsfamilie der Partnerin ein eigenes Blatt für sich, da es sonst unübersichtlich wird.

- Soweit möglich sollte man die Generationengrenzen zeichnerisch berücksichtigen, also beide Großelternpaare auf etwa gleicher Höhe zeichnen, alle Nachkommen auf der nächsten Höhe. Das Papier im Querformat teilt sich also in etwa in drei vertikale Generationsebenen.

- Alle Personensymbole sollten möglichst gleich groß sein.

- Auch früh Verstorbene gehören dazu.

Inhalt geht über Form!

Alternativ geht auch die Arbeit an einem großen Whiteboard, die kann man am Ende abfotografieren. Allerdings hat man dann ein statisches Bild, an dem man nicht weiterarbeiten kann, ohne doch wieder alles abzuzeichnen.

Natürlich gibt es heutzutage eine Vielzahl an Genogramm Software Programmen. Davon rate ich ab.

Ein Genogramm ist etwas sehr Persönliches – der Klient entscheidet, ob, wie und wann er sein Genogramm professionell darstellen möchte, und wo diese Datei abgespeichert wird.

Business Coaching ist kein Computer Zeichenkurs, in dem man gemeinsam vor einem Laptop sitzt und Daten in Masken hackt.

Symbole im Genogramm

Dazu gibt es verschiedene Symbole, die immer einheitlich gleich verwendet werden sollten:

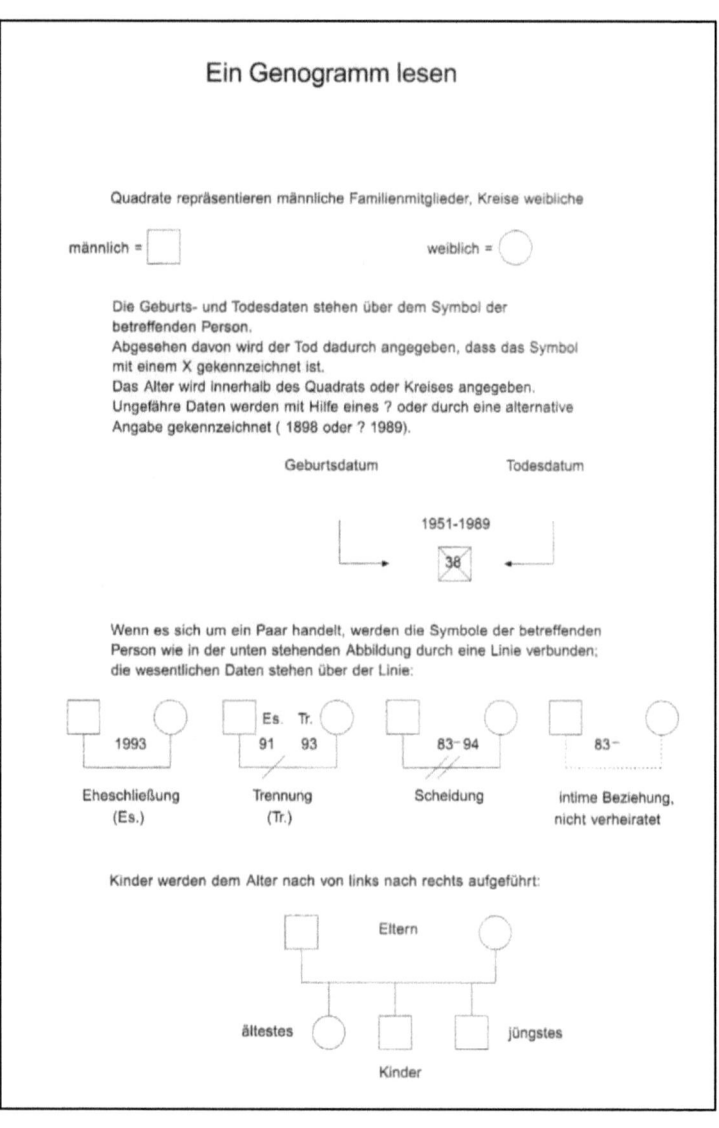

Ein Genogramm lesen

Quadrate repräsentieren männliche Familienmitglieder, Kreise weibliche

männlich =   weiblich =

Die Geburts- und Todesdaten stehen über dem Symbol der
betreffenden Person.
Abgesehen davon wird der Tod dadurch angegeben, dass das Symbol
mit einem X gekennzeichnet ist.
Das Alter wird innerhalb des Quadrats oder Kreises angegeben.
Ungefähre Daten werden mit Hilfe eines ? oder durch eine alternative
Angabe gekennzeichnet (1898 oder ? 1989).

Geburtsdatum   Todesdatum

1951-1989

38

Wenn es sich um ein Paar handelt, werden die Symbole der betreffenden
Person wie in der unten stehenden Abbildung durch eine Linie verbunden;
die wesentlichen Daten stehen über der Linie:

1993   Es. Tr.   83-94   83-
              91   93

Eheschließung   Trennung   Scheidung   intime Beziehung,
(Es.)   (Tr.)   nicht verheiratet

Kinder werden dem Alter nach von links nach rechts aufgeführt:

Eltern

ältestes   jüngstes

Kinder

*Abbildung 3: ,Ein Genogramm lesen', aus Monica McGoldrick,
Wieder heimkommen. Auf Spurensuche in Familiengeschichten,
Carl-Auer Verlag, 3. Auflage, 2013, S. 32*

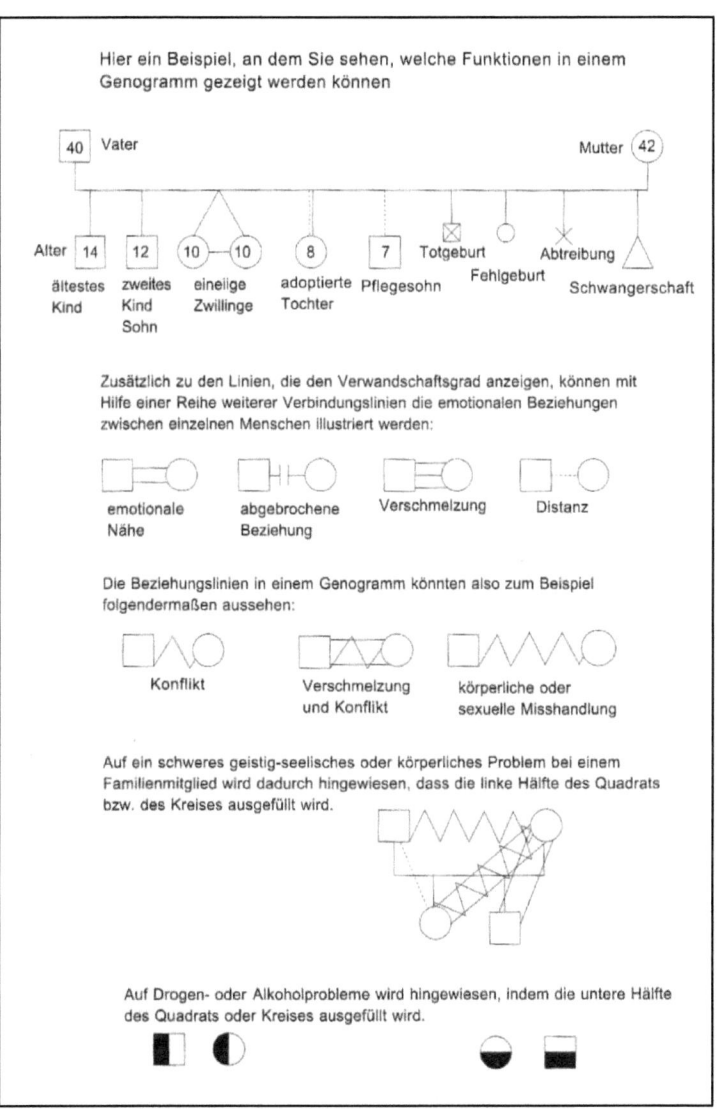

Abbildung 4: ,Ein Genogramm lesen', aus Monica McGoldrick,
Wieder heimkommen. Auf Spurensuche in Familiengeschichten,
Carl-Auer Verlag, 3. Auflage, 3013, S. 33

Der Vollständigkeit halber noch die Symbole für psychische Erkrankungen und Sucht. Durch Kennzeichnung der entsprechenden Personen kann man leichter wiederkehrende Muster im Generationsverlauf feststellen.

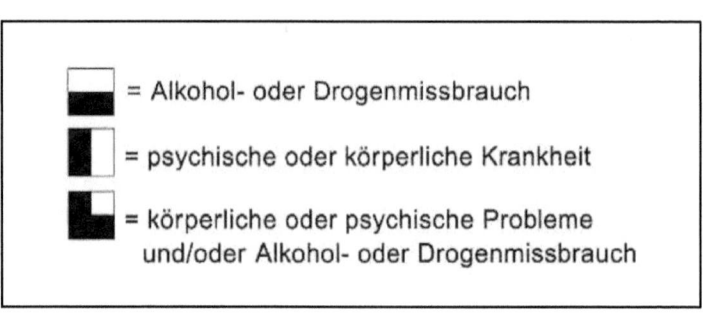

Abbildung 5: "Weitere Genogramm Symbole", aus Monica McGoldrick, Wieder heimkommen. Auf Spurensuche in Familiengeschichten, Carl-Auer Verlag, 3. Aufl., 2013, S. 72

Meiner Erfahrung nach sollte man mit der Verwendung dieser Symbole für psychische Krankheiten eher sparsam umgehen. Ist das Symbol für eine Person erstmal so dunkel angemalt wird es schwierig für den Klienten, trotzdem noch Ressourcen sehen und würdigen zu können. Auch bleibt der Blick beim Betrachten des gesamten Genogramms sehr leicht an diesen Problemstellen hängen.

‚Aufgabe jeder Genogrammarbeit ist es jedoch, einen Einstieg in die Öffnung neuer Optionen zu ermöglichen, und nicht, das Bild einer Familie einzufrieren.'[14]

Hilfreiche Fragen an das Genogramm

Monica McGoldrick[15] empfiehlt, verschiedene Fragen zur Familie relativ systematisch durchzugehen. Davon eine kurze Auswahl:

- Haben sich die Mitglieder Ihrer Familie im Großen und Ganzen den Normen des Lebenszyklus einer bestimmten Klasse oder Schicht angepasst? Wenn nicht, werden andere Normen sichtbar? Können Sie Werte entdecken, die in diesen Mustern zum Ausdruck kommen?

- Welche Rituale hält die Familie ein?

- Welche Geschichten werden am häufigsten erzählt?

- Welche Geschichten gibt es im Zusammenhang mit Ausbildung und Lehre?

---

[14] Bruno Hildenbrand, Einführung in die Genogrammarbeit, Carl-Auer Verlag, 1. Auflage 2005, S. 106
[15] Monica McGoldrick, Wieder heimkommen. Auf Spurensuche in Familiengeschichten, Carl-Auer Verlag, 3. Auflage, 2013, S. 90f.

- Wie werden Geheimnisse in Ihrer Familie bewahrt? Wer übermittelt die Botschaften und wie?
- Welchen Einfluss haben die Geheimnisse auf die Beziehungen in Ihrer Familie gehabt?

Ein Beispiel Genogramm

Ein Genogramm kann z.B. so aussehen:

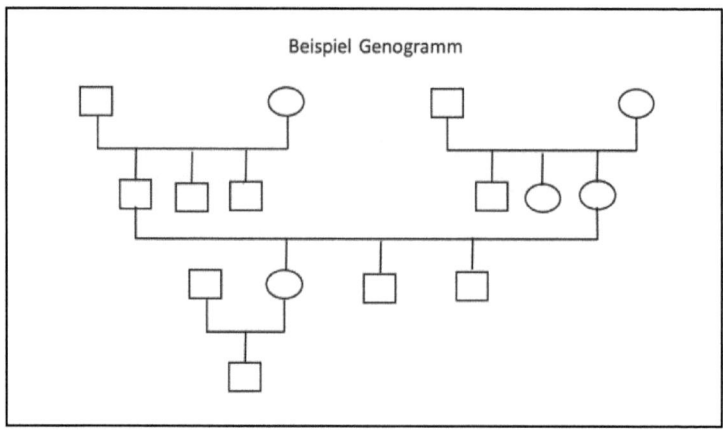

Abbildung 6: Ein Beispiel Genogramm

‚Genogrammarbeit heißt deuten‘.[16] Was lässt sich nun anhand dieses Genogramms erkennen? Wir sehen

---

[16] Bruno Hildenbrand, Genogrammarbeit für Fortgeschrittene. Vom Vorgegebenen zum Aufgegebenen, Carl-Auer Verlag, 1. Auflage, 2018, S. 66

eine kinderreiche Verwandtschaft über 4 Generationen.

Zum Zwecke der Übersichtlichkeit wurden die Familien der zweiten Generation in der Darstellung weggelassen. Ein Ältester hat eine Jüngste geheiratet, die beiden haben, dem Vorbild beider Eltern folgend, wieder drei Kinder.

Dieses „Gerippe" kann man nun ergänzen, um Wohnorte, Berufe, Religion, und allem, was im aktuellen Beratungsanliegen als wichtig erscheint.

Man kann im Genogramm weitere Symbole verwenden, um die Beziehungsqualitäten und medizinische Themen mit zu berücksichtigen. Ich rate davon ab, da das Genogramm sehr schnell überfrachtet wird. Ich habe gute Erfahrungen damit gemacht, ein relativ vollständiges DIN A4 Genogramm in eine Klarsichthülle zu stecken und darauf mit bunten Folienstiften Beziehungsqualitäten bunt aufzumalen, sofern dies gewünscht wird. In der Folge kann man dann das Genogramm mit und ohne aktuellen Beziehungsqualitäten anschauen.

Hierzu Björn Migge: ‚Systemische Berater und Therapeuten, Tiefenpsychologen, humanistisch orientierte Berater und Verhaltenspsychologen sind sich darüber einig, dass Menschen grundlegende Lernerfahrungen aus der Herkunftsfamilie mitbringen, also aus der Kindheit. Hier wurden meist schon die Grundannahmen, Einstellungen und

Verhaltensweisen gelehrt, die die Einstellung des Menschen im Hinblick auf Konflikte geformt haben.'[17]

Aber auch:

‚Es ist allerdings meine persönliche Meinung, dass kein Klient irgendetwas sagen oder tun muss! Als Coach sehe ich es als meine Aufgabe an, die Klienten auf den Wegen zu begleiten, die sie momentan gehen können.'[18]

B, RELEVANTES HINTERGRUNDWISSEN ZUR FAMILIE

Teil B behandelt relevantes Hintergrundwissen zur Familie, und ist unterteilt in Strukturmerkmale der Familie, Muster im Genogramm und Unkonventionelle Familien.

STRUKTURMERKMALE VON FAMILIE

‚Im Rahmen von Genogrammarbeit interessieren uns die in objektiven Daten sich niederschlagenden Konsequenzen aus solchen Prozessen der sozialen

---

[17] Björn Migge, Handbuch Coaching und Beratung, Beltz Verlag, 4. Auflage, 2018, S. 667

[18] Björn Migge, Handbuch Coaching und Beratung, Beltz Verlag, 4. Auflage, 2018, S. 639

Konstruktion von Wirklichkeit (eines Paares): Wohnort, Kinderzahl, Vornamensgebung etc.'[19]

Matrix aus Generation und Geschlecht

Die Kernfamilie besteht in der Regel aus Vater, Mutter und einem oder mehreren gemeinsamen Kindern. Man kann dies als Matrix betrachten, bestehend aus Generationenachse und Geschlechtsachse. ,Die Generationenachse markiert die hierarchische Beziehung zwischen älterer und jüngerer Generation, die so lange funktional ist, als die Kinder nicht selbst Verantwortung für sich übernehmen können.'[20]

Die Matrix Generation / Geschlecht zeigt sich demnach wie folgt:

[19] Bruno Hildenbrand, Einführung in die Genogrammarbeit, Carl-Auer Verlag, 1. Auflage 2005, S. 76

[20] Bruno Hildenbrand, Einführung in die Genogrammarbeit, Carl-Auer Verlag, 1. Auflage 2005, S. 82

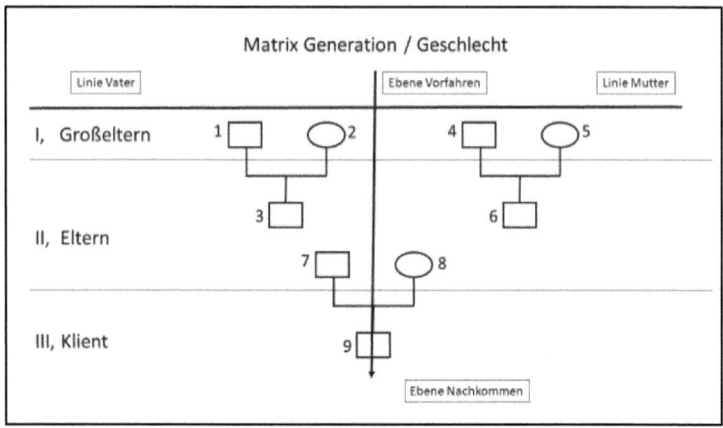

Abbildung 7: Matrix Generation / Geschlecht (eigene

Darstellung)

‚Der interessante Punkt ist der, dass sich innerhalb dieser Matrix Interaktionsbeziehungen abspielen, die zusammen eine widersprüchliche Einheit von drei nicht miteinander zu vereinbarenden Sozialbeziehungen ergeben:

Paarbeziehung einerseits, Eltern-Kind-Beziehungen andererseits. Die Dynamik dieser Widersprüchlichkeit in der Einheit ist Grundlage für einen gelingenden Sozialisationsprozess.'[21]

---

[21] Bruno Hildenbrand, Einführung in die Genogrammarbeit, Carl-Auer Verlag, 1. Auflage 2005, S. 83

Die fünf Strukturmerkmale von Familie

‚Des Weiteren ist diese Matrix von fünf Strukturmerkmalen von Familie eingerahmt:

- affektiver Solidarität,

- erotischer Solidarität,

- Nichtaustauschbarkeit der Personen,

- Solidarität des gemeinsamen Lebenswegs und

- Unbedingtheit der Sozialbeziehungen im Sinne von Nichtauflösbarkeit.'[22]

Zunächst ist innerhalb der Paarbeziehung das erste Merkmal die Nichtaustauschbarkeit der Personen, dann die erotische Solidarität, die innerhalb der Paarbeziehung ist, und somit die Kinder von der Paarbeziehung ausschließt. Dem folgt die affektive Solidarität.

‚Die Beziehung zwischen den Partnern ist gekennzeichnet durch eine generalisierte emotionale Bindung, die auf Dauer gestellt ist.'[23] Dazu kommt die Solidarität des gemeinsamen Lebenswegs. D.h., ein Paar, das bewusst eine Familie gründet, will zeitlich unbefristet zusammenleben. „Schließlich die unbedingte Solidarität, womit gemeint ist, dass in der

---

[22] Bruno Hildenbrand, Einführung in die Genogrammarbeit, Carl-Auer Verlag, 1. Auflage 2005, S. 83, nach Parsons 1981, Tyrell 1983, Oevermann 2001b, 1987
[23] Bruno Hildenbrand, Einführung in die Genogrammarbeit, Carl-Auer Verlag, 1. Auflage 2005, S. 84

Paarbeziehung ein grenzen- und kriterienloser Vertrauensvorschuss die Grundlage der Beziehung ist. [...]

Affektive Solidarität gilt lebenslang, ebenfalls die unbedingte Solidarität. Eltern und Kinder gehören überdies unterschiedlichen Generationen an, woraus sich ein hierarchisches Verhältnis zwischen den beiden Gruppen ableitet.'[24]

Die Kernfamilie

Die Kernfamilie besteht aus Vater, Mutter, und mindestens einem in der Regel gemeinsamen Kind.

Somit entstehen ‚mindestens drei diffuse dyadische Sozialbeziehungen, in denen die Beziehungspartner einen ungeteilten Anspruch aufeinander haben: Die Paarbeziehung, die Mutter-Kind-Beziehung, die Vater-Kind-Beziehung.

Dies hat zur Konsequenz, dass es im familialen Interaktionssystem notwendig zu Widersprüchen kommen muss. [...] Es kommt zu ständig wechselnden Koalitionsbildungen, einer ist dabei immer der ausgeschlossene Dritte, weil aber die Beziehungen ständig wechseln, kann sich dieser Dritte im nächsten Moment als eingeschlossen erleben, und ein anderer ist ausgeschlossen.'[25]

---

[24] Bruno Hildenbrand, Einführung in die Genogrammarbeit, Carl-Auer Verlag, 1. Auflage 2005, S. 85
[25] Bruno Hildenbrand, Einführung in die Genogrammarbeit, Carl-Auer Verlag, 1. Auflage 2005, S. 85f.

Die Wahl des Namens

‚Die Namen in einer Familie sagen eine ganze Menge darüber aus, welche Rolle die verschiedenen Kinder zu spielen hatten, wem sie ähnlich sein sollten.'[26]

Es gab im bäuerlichen Kontext den Brauch, den erstgeborenen Sohn stets nach dem Vater zu benennen, denn er war ja schließlich der Hofnachfolger.

Durch den Namen konnte man zeigen, wie traditionsverbunden, wie vornehm, wie modern, wie systemkonform oder systemkritisch man eingestellt war.

Bei interkulturellen Mischehen ist dies besonders interessant. Aus welcher Kultur wird der Name gewählt? Bei Migrationsfamilien: Wählt man einen Namen aus der Heimatkultur oder aus der neuen Heimat? Lassen sich aufgrund des Vornamens Rückschlüsse auf die soziale Schicht ziehen?

Das Einzelkind

Hierzu gibt es vielerlei Deutungen. Zum einen werden Einzelkinder oftmals besser gefördert, da sie die volle Aufmerksamkeit beider Eltern und ggf. noch 2er Großelternpaare bekommen. Allerdings ‚bewegen sich die Eltern, da sie einer anderen Generation

---

[26] Monica McGoldrick, Wieder heimkommen. Auf Spurensuche in Familiengeschichten, Carl-Auer Verlag, 3. Auflage, 2013, S. 39

angehören, eine Hierarchiestufe höher als das Kind, während die Geschwister derselben Ebene angehören.'[27] Somit ist das ‚Einzelkind in seiner Einsamkeit vollständig den Eigenheiten der Eltern ausgeliefert.'[28]

Hier lohnt es also genauer nachzufragen, inwieweit die Beziehung zu den eigenen Eltern als gesund und förderlich erlebt und erinnert wird.

Einfluss der Geschwisterreihenfolge

Bei zwei Kindern gibt es eine exklusive Zweierbeziehung, ein Leben lang. Bei mehreren Geschwistern entsteht automatisch eine Geschwisterreihenfolge.

Oftmals lässt sich erkennen, dass ein erster Platz in einer Geschwisterreihenfolge mit früher Verantwortung für die jüngeren Geschwister einhergeht, und oft eine frühe Führungsrolle auch im beruflichen Kontext eingegangen wird.

Es kommt auch häufig vor, dass das älteste Kind einen Beruf mit Verantwortung sucht oder in die Fußstapfen des Vaters tritt, z.B. den Familienbetrieb weiterführt. Das jüngste Kind ist in seiner Berufswahl oft frei, z.B. für

---

[27] Bruno Hildenbrand, Genogrammarbeit für Fortgeschrittene. Vom Vorgegebenen zum Aufgegebenen, Carl-Auer Verlag, 1. Auflage, 2018, S. 107
[28] Bruno Hildenbrand, Genogrammarbeit für Fortgeschrittene. Vom Vorgegebenen zum Aufgegebenen, Carl-Auer Verlag, 1. Auflage, 2018, S. 108

einen Kreativberuf. Die mittleren Kinder bewegen sich oftmals zwischen beiden Extremen.

Tabelle 2: Geschwisterreihenfolge und Eigenschaften nach B. Hildenbrand

Geschwisterreihenfolge[29]	Eigenschaften, die oft zu beobachten sind
Der Erstgeborene	Ein traditionsbewusster Mensch Ein Wahrer und Bewahrer, ein Mehrer und Behüter
Der Zweite	Ein In-sich-Ruhender, ein Freier, Ungebundener und Streifender. Die ganze Erde ist sein Eigen; nicht zum Besitz, sondern zur Freude. Nicht zum Ziel, sondern zur seligen Lust.
Der Dritte	Der Seltsame und Fremde. Er bleibt ein Eigener, In-sich-Abgeschlossener, nach kaum erreichbaren Zielen strebender. Kann

---

[29] Bruno Hildenbrand, Genogrammarbeit für Fortgeschrittene. Vom Vorgegebenen zum Aufgegebenen, Carl-Auer Verlag, 1. Auflage, 2018, S. 152

Geschwisterreihenfolge[29]	Eigenschaften, die oft zu beobachten sind
	Rebellisch sein, auch sehr innovativ.

Zwillinge

‚Die extremste Form einer gemeinsamen Geschwistererfahrung ist die Beziehung zwischen eineiigen Zwillingen. Sie haben eine besondere Beziehung, von welcher der Rest der Familie ausgeschlossen ist. [...] Die wichtigste Herausforderung für Zwillinge ist es, eine individuelle Identität zu entwickeln.‘[30]

MUSTER IM GENOGRAMM

‚Genogrammarbeit basiert in unserem Ansatz des Fallverstehens auf einer Kunst, die in langer Erfahrung und Übung angeeignet werden kann. [...] Ohne – manchmal sprunghaft auftretende, teils in die Irre führende – Einfälle lassen sich Muster nicht entdecken.‘[31]

---

[30] Monica McGoldrick, Wieder heimkommen. Auf Spurensuche in Familiengeschichten, Carl-Auer Verlag, 3. Auflage, 2013, S. 233
[31] Bruno Hildenbrand, Einführung in die Genogrammarbeit, Carl-Auer Verlag, 1. Auflage 2005, S. 65

Wir betrachten nun verschiedene Muster, die im Laufe von Generationen immer wieder auftauchen können, und dadurch an Bedeutung gewinnen:

Brüche

Frühe Brüche im Genogramm können massiv die Energie des Klienten hemmen, so dass lange in kleinen beruflichen Positionen verharrt wird. ‚Den Strom des Lebens trägt keiner in der Tasche'[32], Brüche, sei es durch Trennung, Krankheit, Tod, Verlust im eigenen Familienkreis oder gar sozialen Unruhen, Krieg, Folter und Unterdrückung im Gesamtumfeld, treffen jeden.

Ein Beispiel. 23jähriger Klient, der eine Beratung wünscht hinsichtlich seiner beruflichen Zukunft. Alles, was er bisher versucht hat, hat nicht richtig geklappt. Er hält nie lange durch. Beim ersten Problem gibt er auf und schmeißt hin.

In diesem Fall kann ein Genogramm hilfreich sein. Wir sehen: Die Scheidung der Eltern, das Heranwachsen in unstabilen, ärmlichen Verhältnissen, keine guten beruflichen Vorbilder, und dann noch ein Autounfall, bei dem der damals 9 jährige Bruder vor den Augen des damals 7jährigen Klienten überfahren wird:

---

[32] Matthias Varga von Kibéd, Insa Sparrer, Ganz im Gegenteil, Tetralemmaarbeit und andere Grundformen Systemischer Strukturaufstellungen – für Querdenker und solche, die es werden wollen, Carl-Auer Verlag, 10. Auflage, 2018, S. 94

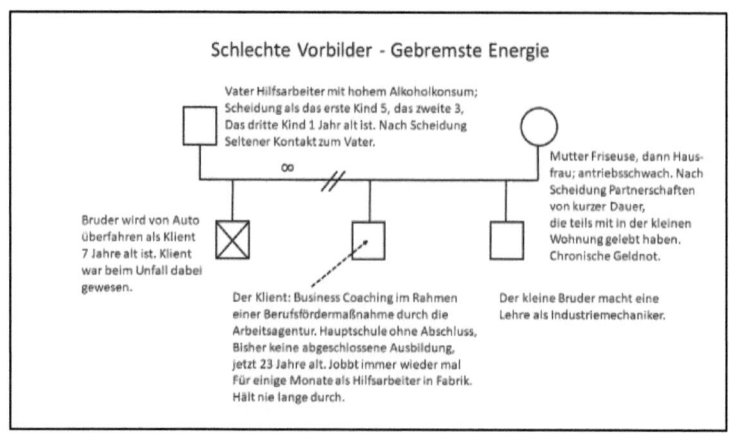

Abbildung 8: Schlechte Vorbilder - gebremste Energie (Beispiel)

Durch das Genogramm wird die aktuelle Situation für den Klienten besser verständlich. Es kann heilend sein, dass der tote Bruder im Genogramm mit dargestellt ist, der Vater, zu dem kaum Kontakt besteht etc.

In einem nächsten Schritt könnte man nun versuchen, weitere Ressourcen im Genogramm zu finden, z.B. auf Ebene der Großeltern, Tanten, Onkel, die eine positive Vorbildwirkung haben und für neuen Antrieb sorgen könnten.

Der abwesende Vater

Bedingt durch den zweiten Weltkrieg (1939 – 1945) gibt es in Mitteleuropa eine ganze Generation an Kindern, während der Kriegs- und Nachkriegsjahre jahrelang vaterlos aufgewachsen sind bzw. ihren Vater im Krieg verloren haben.

Besonders für Jungen kann das fehlende Vatervorbild sehr problematisch sein und die eigene Entwicklung stark einschränken. Dieses Thema sollte bei der Genogramm Erstellung abgefragt werden. Ein abwesender Vater kann dazu führen, dass die Kind Generation später diesem Vorbild folgt:

Ein Sohn mag selbst ein abwesender Vater werden, eine Tochter sich einen abwesenden Partner wählen.

Migrationserfahrung

,Ein wichtiges „kritisches Ereignis" in Ihrer Familie ist ihre Migrationserfahrung.'[33] Hier ist interessant, ob es eine freiwillige Migration war (z.B. wegen einer besseren beruflichen Stellung im Ausland), oder ob Krieg, Hunger, Vertreibung ethnischer Gruppen die maßgebliche Rolle für die Migration gespielt haben.

,Das Alter der Kinder zur Zeit der Einwanderung kann das Familienmuster stark beeinflussen.'[34] Interessant ist auch, wie sehr die Familie in der neuen Heimat echte Wurzeln gefunden hat, oder ob noch Jahrzehnte nach der Migration eine reine Subkultur gelebt wird.

Wichtige Wohnortwechsel kann man im Genogramm einzeichnen, z.B. durch einen Kreis um die betroffenen

---

[33] Monica McGoldrick, Wieder heimkommen. Auf Spurensuche in Familiengeschichten, Carl-Auer Verlag, 3. Auflage, 2013, S. 312
[34] Monica McGoldrick, Wieder heimkommen. Auf Spurensuche in Familiengeschichten, Carl-Auer Verlag, 3. Auflage, 2013, S. 312

Personen, und auf den Rand des Kreises werden die Daten zur Migration geschrieben.

Das Milieu

‚Burkart und Kohli (1992) unterscheiden zum Beispiel das Milieu der (ländlichen) Arbeiterfamilie, der technischen Vernunft, der individualisierten Akademiker, der Alternativen, die jeweils einen Rahmen für die Entwicklung spezifischer Ehe- und Familienformen bieten. […] Im Zuge der Genogramm Arbeit ist es sinnvoll, anhand der vorhandenen Daten das Milieu zu bestimmen, innerhalb dessen sich eine gegebene Paarbeziehung individualisiert (oder das diese Paarbeziehung überschreitet).‘[35]

Wer gehört welcher Klasse an, gibt es Brüche innerhalb der Verwandtschaft? Wie wird damit umgegangen? Welche Berufe sind akzeptiert, über wen wird gewitzelt? Wer wird verehrt, auf wen wird herabgesehen?

‚Veränderungen, die unsere Zugehörigkeit zu einer bestimmten gesellschaftlichen Schicht betreffen, gehören zu den tiefst greifenden sozialen Veränderungen, die uns widerfahren können; […] Es kann sein, dass Geschwister durch Heiraten am Ende in verschiedenen Gesellschaftsklassen angesiedelt

---

[35] Bruno Hildenbrand, Einführung in die Genogrammarbeit, Carl-Auer Verlag, 1. Auflage 2005, S. 79

sind, besonders Schwestern „heiraten" häufig in eine höhere Gesellschaftsschicht „ein".[36]

Familiengeheimnisse

‚Wir werden nicht einfach in unsere Familien hineingeboren, sondern in die Geschichten unserer Familie, die uns stützen und nähren und manchmal zum Krüppel machen.'[37] Dies betrifft besonders Familiengeheimnisse. Beispielsweise wenn ein Kind einen anderen biologischen Vater hat, sich irgendwie immer wie ein Fremdkörper fühlt, und von diesem biologischen, geheim gehaltenen Vater als 14jähriger durch Herumstöbern in den Unterlagen der Eltern dann doch endlich erfährt.

Ein geistig Behinderter, der versteckt gehalten wird. Eine heimliche Liebschaft am Nachbarort. Eine Nazivergangenheit oder Stasi Karriere.

Ein Suizid, worüber nie gesprochen wird.

‚Kinder lernen früh, worüber man sprechen darf und worüber nicht.'[38] Durch die Systematik der Genogramm Arbeit können solche Sachverhalte strukturiert im Gesamtkontext dargestellt werden, so

---

[36] Monica McGoldrick, Wieder heimkommen. Auf Spurensuche in Familiengeschichten, Carl-Auer Verlag, 3. Auflage, 2013, S. 321
[37] Monica McGoldrick, Wieder heimkommen. Auf Spurensuche in Familiengeschichten, Carl-Auer Verlag, 3. Auflage, 2013, S. 60
[38] Monica McGoldrick, Wieder heimkommen. Auf Spurensuche in Familiengeschichten, Carl-Auer Verlag, 3. Auflage, 2013, S. 62

dass das Thema ggf. in der Folge besser bearbeitet werden kann.

Der Symptomträger

‚In Zeiten der Belastung kann es sein, dass ein Familienmitglied als Patient oder Symptomträger identifiziert wird. [...] Der Symptomträger bildet den Fokus für die emotionale Energie der Familie und lenkt die Familienmitglieder von ihrer eigenen Angst ab.'[39] Dies kann sein eine psychische Krankheit, Drogenprobleme, Schulversagen, Spielsucht, und Vielerlei mehr.

Derartige, lange andauernde Erfahrungen in der Kindheit können die Energie eines Menschen über lange Zeit blockieren, so dass weder persönlich noch beruflich richtiges Vorwärtskommen möglich scheint.

Verlust

‚Mehr als jede andere menschliche Erfahrung bringt ein Verlust uns in Kontakt mit dem, was wirklich zählt in unserem Leben. [...] Die Trauer über eine unvollendete Beziehung kann einen Menschen ein Leben lang verfolgen, und wenn die Konten nicht ausgeglichen sind, kann es sein, dass eine große

---

[39] Monica McGoldrick, Wieder heimkommen. Auf Spurensuche in Familiengeschichten, Carl-Auer Verlag, 3. Auflage, 2013, S. 121f.

Leere zurückbleibt.'[40] Auch hierzu wieder Ausschnitte des Fragebogens:[41]

- Wie haben die verschiedenen Familienmitglieder auf den Tod reagiert?

- Wer war im Augenblick des Todes anwesend?

- Welcher Art waren die Familienbeziehungen zum Zeitpunkt des Todes? Gab es ungelöste Probleme im Zusammenhang mit dem Verstorbenen?

- Gab es ein Testament? Wem wurde was vermacht? Gab es Spaltungen in der Familie, die mit den Verfügungen des Testaments zu tun hatten?

- Wie hätte sich die Geschichte der Familie entwickelt, wenn die verstorbene Person länger gelebt hätte?

UNKONVENTIONELLE FAMILIEN

Über diese Grundlagen zur Familie hinhaus möchte ich auch unkonventionelle Familien vorstellen, da diese in unserer modernen Gesellschaft immer

---

[40] Monica McGoldrick, Wieder heimkommen. Auf Spurensuche in Familiengeschichten, Carl-Auer Verlag, 3. Auflage, 2013, S. 140
[41] Monica McGoldrick, Wieder heimkommen. Auf Spurensuche in Familiengeschichten, Carl-Auer Verlag, 3. Auflage, 2013, S. 195

häufiger werden. Auch hier gibt es direkte Zusammenhänge zwischen lebensgeschichtlichen Themen und aktuellen Beratungsfragen im Business Coaching, die ich jeweils beispielhaft einbringe.

Dorett Funcke und Bruno Hildenbrand stellen in Ihrem Buch „Unkonventionelle Familien in Therapie und Beratung" verschiedene neuere Familienformen vor, die erheblich prägende Wirkung auf das Leben v.a. der betroffenen Kinder haben. Es wird unterschieden zwischen[42]:

- Abwesender Vater, abwesende Mutter (Alleinerziehendenfamilie, Stieffamilie)

- Abwesende Eltern (Pflegefamilie, Adoptivfamilie)

- Abwesende Kinder (Kinderlose Paare)

- Die „gleichgeschlechtliche Inseminationsfamilie"

Ich orientiere mich in der Folge an dieser Logik:

Die Alleinerziehendenfamilie

Die Alleinerziehendenfamilie besteht aus einem Elternteil und einem oder mehreren meist eigenen Kindern.

---

[42] Dorett Funcke, Bruno Hildenbrand, Unkonventionelle Familien in Beratung und Therapie, Carl-Auer Verlag, 1. Auflage, 2009, S. 6f

‚In der leiblichen Familie besteht zwischen Eltern und Kindern eine Hierarchiegrenze.'[43] Die Triade zwischen Vater, Mutter und Kind kann hier nicht gebildet und eingeübt werden, da der zweite Elternteil fehlt – ‚erst das Erscheinen des Vaters qualifiziert die Mutter als Mutter.'[44]

Häufig zieht eine alleinerziehende Mutter mit ihrem Kind wieder bei den eigenen Eltern ein. Hierbei besteht ‚das Risiko einer Verwischung der Generationengrenzen und seiner Konsequenzen für die Identitätsbildung der Kinder aus solchen Familien.'[45]

Solche Themen können bei der Genogramm Erstellung im Hinterkopf mit bedacht und sachte abgefragt werden.

Die Stieffamilie

Die Stieffamilie besteht aus einem Elternteil mit seinen Kindern und einem neuen Partner. Es gibt auch Konstellationen bis hin zur ‚Deine-meine-unsere-

---

[43] Dorett Funcke, Bruno Hildenbrand, Unkonventionelle Familien in Beratung und Therapie, Carl-Auer Verlag, 1. Auflage, 2009, S. 64

[44] Dorett Funcke, Bruno Hildenbrand, Unkonventionelle Familien in Beratung und Therapie, Carl-Auer Verlag, 1. Auflage, 2009, S. 54

[45] Dorett Funcke, Bruno Hildenbrand, Unkonventionelle Familien in Beratung und Therapie, Carl-Auer Verlag, 1. Auflage, 2009, S. 45

Kinder-Familie', bei denen jedes Kind ,einen eigenen Status hat.'[46]

,Ein zentrales Thema der Stieffamilie ist, dass das Familienleben auf mehrere Haushalte verteilt ist. Wenn ein Kind zwischen diesen Haushalten pendelt, dann pendelt es zwischen sozialen Welten.

In einer davon erlebt sich das Kind als fremd, mindestens insofern, als es nicht an den Überzeugungen, Routinen, Ritualen und Gewohnheiten in dem Maße teilnimmt, in dem es in der Familie daran teilnimmt, in der es die meiste Zeit lebt. Des Weiteren muss für den Stiefelternteil eine angemessene Position erst gefunden und in den Familienalltag übersetzt werden.'[47]

So ist ,die Integration des Stiefelternteils in eine Stieffamilie ein Prozess, der sich über fünf bis sieben Jahre hinzieht.'[48]

,Wichtig ist auch, wo die Partner im Lebens- und Familienzyklus zum Zeitpunkt der Gründung der Stieffamilie stehen. Je größer der Unterschied in den Lebens- und Familienerfahrungen ist, desto größer ist

---

[46] Dorett Funcke, Bruno Hildenbrand, Unkonventionelle Familien in Beratung und Therapie, Carl-Auer Verlag, 1. Auflage, 2009, S. 72

[47] Dorett Funcke, Bruno Hildenbrand, Unkonventionelle Familien in Beratung und Therapie, Carl-Auer Verlag, 1. Auflage, 2009, S. 75

[48] Dorett Funcke, Bruno Hildenbrand, Unkonventionelle Familien in Beratung und Therapie, Carl-Auer Verlag, 1. Auflage, 2009, S. 77

die Herausforderung beim Übergang zu einer neuen Familie.'[49]

‚Die Anwesenheit eines Stiefelternteils sei epidemiologisch der beste Prädikator für sexuellen Missbrauch, heißt es. Andere sagen, dass das Risiko, von einem Stiefvater sexuell missbraucht zu werden, bei 1:6 liegt, während dasselbe Risiko beim leiblichen Vater bei 1:50 liegt.'[50]

Die Komplexität dieser Familienform führt dazu, dass ‚etwa 20 Prozent der Kinder, die in einer Stieffamilie aufwachsen, Verhaltensprobleme entwickeln, die eine Behandlung und/oder eine Fremdplatzierung erforderlich machen.'[51]

Die Pflegefamilie

Bei der Pflegefamilie sind die leiblichen Eltern abwesend. Sie können jedoch ‚mehr oder weniger unvorhersehbar auf der Bildfläche erscheinen und ihren Anspruch auf die Erziehung ihres Kindes geltend machen. Für eine Pflegefamilie stellt eine solche

---

[49] Dorett Funcke, Bruno Hildenbrand, Unkonventionelle Familien in Beratung und Therapie, Carl-Auer Verlag, 1. Auflage, 2009, S. 79

[50] Dorett Funcke, Bruno Hildenbrand, Unkonventionelle Familien in Beratung und Therapie, Carl-Auer Verlag, 1. Auflage, 2009, S. 81

[51] Dorett Funcke, Bruno Hildenbrand, Unkonventionelle Familien in Beratung und Therapie, Carl-Auer Verlag, 1. Auflage, 2009, S. 83

Ausgangslage eine Quelle ständiger Verunsicherung dar.'[52]

‚Diese Kinder haben Auseinandersetzungen in der Triade nicht dauerhaft erleben können, und sie haben ihre Eltern auch nicht zuverlässig als Paar erlebt. [...]

Bei einem Drittel der Pflegekinder kommt hinzu, dass sie noch ein Geschwister haben, das bei den Eltern oder bei der Mutter lebt, während ihnen dieser Status verwehrt ist, so dass es hier zu Erfahrungen der Ausgrenzung kommt.'[53]

Die Pflegefamilie kann für die betroffenen Kinder zu einem ‚lebensgeschichtlichen Normalisierungsprozess‘, ‚Identitätsbildung und Autonomieentwicklung‘[54] führen und kann weit besser sein als das Heranwachsen in der Ursprungsfamilie.

Idealerweise gibt es in der Pflegefamilie ‚die Kombination von strukturgebendem Vater und

---

[52] Dorett Funcke, Bruno Hildenbrand, Unkonventionelle Familien in Beratung und Therapie, Carl-Auer Verlag, 1. Auflage, 2009, S. 92

[53] Dorett Funcke, Bruno Hildenbrand, Unkonventionelle Familien in Beratung und Therapie, Carl-Auer Verlag, 1. Auflage, 2009, S. 97

[54] Dorett Funcke, Bruno Hildenbrand, Unkonventionelle Familien in Beratung und Therapie, Carl-Auer Verlag, 1. Auflage, 2009, S. 102

emotional abfedernder Mutter'[55] und einen dauerhaften, guten ‚Bezug zur Herkunftsfamilie.'[56] Vorteilhaft ist ebenso, wenn die Pflegefamilie aus einem ‚Familienbetrieb mit Land- und/oder Gastwirtschaft' besteht. Dies sind ‚ideale Lebensorte für Pflegekinder, da die Zugehörigkeit nicht primär über die leibliche Herkunft, sondern über die Zugehörigkeit zu einem Betrieb hergestellt werden kann.'[57]

Die Adoptivfamilie

‚Die Adoptivfamilie ist durch eine Eltern-Kind-Beziehung gekennzeichnet, die biologisch nicht fundiert ist. […] Das fremde Kind wird „an Kindes statt" angenommen und wird gegenüber den Adoptiveltern voll erb- und unterhaltsberechtigt. Insofern erlöschen die verwandtschaftlichen Beziehungen des Kindes zu seinen leiblichen Eltern.

---

[55] Dorett Funcke, Bruno Hildenbrand, Unkonventionelle Familien in Beratung und Therapie, Carl-Auer Verlag, 1. Auflage, 2009, S. 122

[56] Dorett Funcke, Bruno Hildenbrand, Unkonventionelle Familien in Beratung und Therapie, Carl-Auer Verlag, 1. Auflage, 2009, S. 120

[57] Dorett Funcke, Bruno Hildenbrand, Unkonventionelle Familien in Beratung und Therapie, Carl-Auer Verlag, 1. Auflage, 2009, S. 107

Die Adoptiveltern treten an die Stelle der leiblichen Eltern.'[58]

‚Die zentrale Frage ist: Wie gelingt es den Adoptiveltern, den leiblichen Eltern einen Platz im Erziehungsprozess zu geben?'[59]

Die Herausforderungen in solchen Familienkonstellationen sind groß. Wesentliche Merkmale, die Adoptivfamilien von leiblichen Familien unterscheiden, sind:

- ‚Es gibt keine gemeinsame Geschichte von Anfang an.

- Das Adoptivkind bringt bereits einen „Rucksack" an Erfahrungen in die neue Familie mit.

- Das Kind muss sich damit auseinandersetzen, dass es abgegeben und von einer neuen Familie aufgenommen wurde, und

- Es steht vor der Herausforderung, zwei unterschiedliche Welten, die seiner Herkunft und die der neuen Familie, in seine Biografie zu integrieren.

---

[58] Dorett Funcke, Bruno Hildenbrand, Unkonventionelle Familien in Beratung und Therapie, Carl-Auer Verlag, 1. Auflage, 2009, S. 132

[59] Dorett Funcke, Bruno Hildenbrand, Unkonventionelle Familien in Beratung und Therapie, Carl-Auer Verlag, 1. Auflage, 2009, S. 138

Schließlich müssen alle Familienmitglieder gleichermaßen ein Leben in „doppelter Elternschaft" gestalten.'[60]

,Risiko- und Schutzfaktoren für das Aufwachsen in einer Adoptivfamilie'[61] sind lt. Funcke / Hildenbrand:

- Das Alter des Kindes bei der Adoption (so jung wie möglich)

- Geschwisterkonstellationen (idealerweise ist das Adoptivkind das jüngste Kind, und es gibt bereits eigene Kinder in der Familie)

- Flexibilität der elterlichen Erwartungen an das Adoptivkind, z.B. bzgl. Schulleistungen oder Berufswahl

- Das Adoptivkind sollte niemals Ersatzkind für ein verstorbenes eigenes Kind sein

- Möglichst konstante Familienstrukturen

,Für die Identitätsentwicklung des Adoptivkindes ist es wichtig, dass es frühzeitig (ungefähr zwischen dem

---

[60] Dorett Funcke, Bruno Hildenbrand, Unkonventionelle Familien in Beratung und Therapie, Carl-Auer Verlag, 1. Auflage, 2009, S. 150f.

[61] Dorett Funcke, Bruno Hildenbrand, Unkonventionelle Familien in Beratung und Therapie, Carl-Auer Verlag, 1. Auflage, 2009, S. 151ff.

dritten und fünften Lebensjahr) über den Adoptionsstatus aufgeklärt wird.'[62]

Und:

,Doch bei der Suche nach dem eigenen Weg, nach der eigenen Identität werden die leiblichen Eltern erneut wichtig. Denn sie liefern Identifikationsmöglichkeiten, die sich dafür nutzen lassen, auch den Adoptiveltern gegenüber die eigene Autonomie zu demonstrieren.'[63]

Kinderlosigkeit

,Die freiwillige, bewusste Entscheidung, keine Kinder zu bekommen, ist historisch gesehen eine Ausnahmeerscheinung.'[64]

Kinderlosigkeit bei Paaren hat meist medizinische und/oder psychische Ursachen, „geht an die Wurzel einer Paarbeziehung und drängt auf Auseinandersetzung."[65] Lt. Funcke / Hildenbrand sind

---

62 Dorett Funcke, Bruno Hildenbrand, Unkonventionelle Familien in Beratung und Therapie, Carl-Auer Verlag, 1. Auflage, 2009, S. 156
63 Dorett Funcke, Bruno Hildenbrand, Unkonventionelle Familien in Beratung und Therapie, Carl-Auer Verlag, 1. Auflage, 2009, S. 163
64 Dorett Funcke, Bruno Hildenbrand, Unkonventionelle Familien in Beratung und Therapie, Carl-Auer Verlag, 1. Auflage, 2009, S. 171
65 Dorett Funcke, Bruno Hildenbrand, Unkonventionelle Familien in Beratung und Therapie, Carl-Auer Verlag, 1. Auflage, 2009, S. 167

10-15% der Paare im fruchtbaren Alter in Deutschland ungewollt kinderlos.[66]

Das Paar sucht also nach einem Weg, diese Leere durch einen guten Platzhalter zu kompensieren. Dies kann gelingen durch ‚Verlagerung des Kinderwunsches auf ein Drittes‘[67], in Form von Mentorenschaft für Patenkinder, einen sinnorientierten Beruf, Hobbies, Reisen, aktiver Vereinsarbeit und dergleichen mehr, auch wenn ‚dieser Ersatz die Problematik ungewollter Kinderlosigkeit nicht aufhebt. […] Kinderlosigkeit bleibt eine schmerzhafte Wunde, auch wenn sie vernarbt.‘[68]

Aufgrund verbesserter reproduktionsmedizinischer Verfahren kommt es immer häufiger zu ‚einer Reproduktionsbiografie […] mit verzweifeltem Ausschöpfen aller medizinischen Möglichkeiten‘[69], in der Hoffnung, der bislang unerfüllte Kinderwunsch möge sich so noch erfüllen lassen. Allerdings: ‚Wenn (…) die Tatsache der Sterilität bzw. Infertilität psychisch noch nicht verarbeitet ist oder akzeptiert wird, dann bleibt […] dem Paar nur eine Handlungsorientierung: die gesamte Hoffnung auf ein

---

[66] Dorett Funcke, Bruno Hildenbrand, Unkonventionelle Familien in Beratung und Therapie, Carl-Auer Verlag, 1. Auflage, 2009, S. 177

[67] Dorett Funcke, Bruno Hildenbrand, Unkonventionelle Familien in Beratung und Therapie, Carl-Auer Verlag, 1. Auflage, 2009, S. 180

[68] Dorett Funcke, Bruno Hildenbrand, Unkonventionelle Familien in Beratung und Therapie, Carl-Auer Verlag, 1. Auflage, 2009, S. 184

[69] Dorett Funcke, Bruno Hildenbrand, Unkonventionelle Familien in Beratung und Therapie, Carl-Auer Verlag, 1. Auflage, 2009, S. 180

Kind in die Reproduktionsmedizin zu leben. Denn ein Leben ohne Kind scheint in einem solchen Fall undenkbar. Und der Blick auf andere Alternativen ist verstellt.'[70]

Die gleichgeschlechtliche Familie

Funcke / Hildenbrand beschreiben als Kapitel 5 ,Grenzfälle: Die gleichgeschlechtliche Inseminationsfamilie'[71]. Ich sehe diesen Begriff ,gleichgeschlechtliche Inseminationsfamilie' kritisch, denn ein Kind in einer Regenbogenfamilie kann durch künstliche Befruchtung gezeugt worden sein, oder auf natürlichem Wege – so wie alle anderen Kinder auch. Für mich stimmiger ist daher der Begriff die ,gleichgeschlechtliche Familie'.

Zur gleichgeschlechtlichen Familie gibt es nun verschiedene Möglichkeiten. Eine Variante ist, dass ein Frauen- und ein Männerpaar eine gemeinsame Elternschaft begründen. Das Kind lebt bei Mama und Mami, zu Papa und Papi wird guter partnerschaftlicher Kontakt aufgebaut:

---

[70] Dorett Funcke, Bruno Hildenbrand, Unkonventionelle Familien in Beratung und Therapie, Carl-Auer Verlag, 1. Auflage, 2009, S. 187
[71] Dorett Funcke, Bruno Hildenbrand, Unkonventionelle Familien in Beratung und Therapie, Carl-Auer Verlag, 1. Auflage, 2009, S. 7

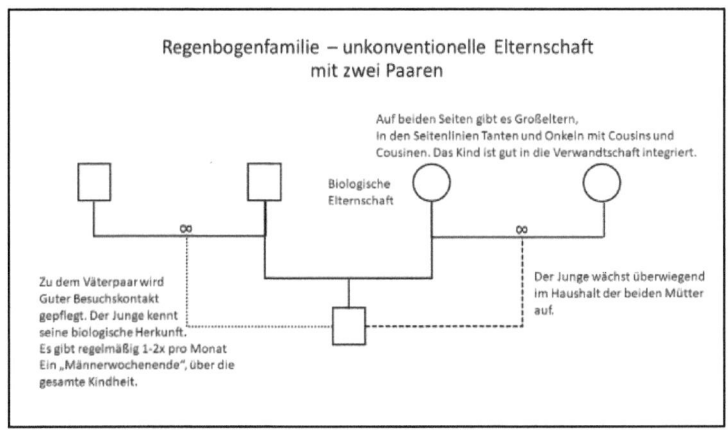

Abbildung 9: Regenbogenfamilie - unkonventionelle Elternschaft mit zwei Paaren (Beispiel)

Funcke / Hildenbrand bewerten diese Familienform wie folgt:

‚So fördern lesbische Mütter bei ihren Kindern im Allgemeinen häufigere und intensivere Beziehungen zu den Vätern und zu anderen männlichen Familienangehörigen und Freunden als verschiedengeschlechtlich orientierte Mütter, und zwar speziell dann, wenn die lesbischen Mütter in gleichgeschlechtlichen Partnerschaften leben.

Außerdem entwickeln Kinder lesbischer und schwuler Eltern ein größeres Ausmaß an Toleranz und an Einfühlungsvermögen gegenüber anderen Menschen und lernen in der Zwei-Mütter- respektive Zwei-Väter-Familie einen wesentlich partnerschaftlicheren Beziehungsstil kennen als Kinder in vielen verschiedengeschlechtlichen Familien, so dass sie später in eigenen

59

verschiedengeschlechtlichen Beziehungen auch eher zum Aufbau einer egalitären Paarbildung fähig sind.'[72]

Abschließend appellieren Funcke / Hildenbrand an gleichgeschlechtliche Familien, ,die Landkarte der Kernfamilie so zu verändern, dass der leiblichen Herkunft im faktischen Familienleben ein Platz eingeräumt wird und gleichzeitig die nur partielle Abwesenheit des Vaters oder der Mutter nicht zum Hemmschuh für die Entwicklung der Kinder wird.'[73]

Unkonventionelle Familienbildung

Ungewollte Kinderlosigkeit, der starke Kinderwunsch einer Frau ohne Partner, Erbkrankheiten, Kinderwunsch bei gleichgeschlechtlichen Paaren – es mag eine Vielzahl von Gründen geben, über Befruchtung mittels Samenspende nachzudenken.

In Deutschland gilt ,das Recht eines Kindes auf Kenntnis der genetischen Abstammung.'[74] Somit gibt es in Deutschland nur noch sog. ,Yes-Spender'. ,Hier hat das Kind ab dem 16. Lebensjahr Zugang zu den

---

[72] Dorett Funcke, Bruno Hildenbrand, Unkonventionelle Familien in Beratung und Therapie, Carl-Auer Verlag, 1. Auflage, 2009, S. 203
[73] Dorett Funcke, Bruno Hildenbrand, Unkonventionelle Familien in Beratung und Therapie, Carl-Auer Verlag, 1. Auflage, 2009, S. 236
[74] Dorett Funcke, Bruno Hildenbrand, Unkonventionelle Familien in Beratung und Therapie, Carl-Auer Verlag, 1. Auflage, 2009, S. 199

Spenderdaten, wenn die Mutter die Bekanntgabe der Daten mit dem Arzt vertraglich verabredet hat.'[75]

Ziel der sozialen Eltern sollte es daher sein, dem Kind altersadäquat Wissen über seine genetische Herkunft zu vermitteln, und im optimalen Falle eine freundschaftliche Beziehung zum biologischen Vater anzubahnen.

Zusammenfassung zur Familie

Teil B behandelte das Hintergrundwissen zur Familie, um Genogramme selbst erstellen zu können.

Allerdings: ‚Seien Sie sehr zurückhaltend mit Ihrer Meinung und mit psychologischen Deutungen. Wenn Sie Ihre Ideen als ‚Feedback' deklarieren, hört sich das zwar professionell an, ist aber nichts anderes als Ihre Meinung.'[76]

C, DER BERUF IM KONTEXT DES GENOGRAMMS

Im Teil C geht es nun um den Beruf im Kontext des Genogramms, und welche Bedeutung das Genogramm im Business Coaching einnehmen kann.

---

[75] Dorett Funcke, Bruno Hildenbrand, Unkonventionelle Familien in Beratung und Therapie, Carl-Auer Verlag, 1. Auflage, 2009, S. 200
[76] Björn Migge, Handbuch Coaching und Beratung, Beltz Verlag, 4. Auflage, 2018, S. 199

Einfluss des Berufs der Eltern

Entscheidend hierfür können sein: Das Geburtsjahr, die Geschwisterzahl und die Reihenfolge innerhalb der Geschwisterreihe, die Beziehung der Eltern zueinander, die Beziehung der Eltern zum Klienten. Auch die Berufe der Eltern, der älteren Geschwister, der Großeltern, Onkeln und Tanten, Cousins und Cousinen. Das jeweils transportierte Wertesystem. Das Milieu, der Ort, die tatsächlich vorhandenen und die wahrgenommenen Möglichkeiten zur Berufswahl.

Berufliche Position der Eltern

Interessant ist z.B. die Frage, welche Position hatten die Eltern jeweils zu dem Zeitpunkt inne als der Klient die eigene Berufswahl bzw. Berufsausbildung startete.

Das folgende anonymisierte Genogramm zeigt eine Familie mit beruflich erfolgreichen, akademisch gebildeten Eltern. Die Kinder wählen ähnliche Studienrichtungen, und sind im jeweiligen Studium gut gestartet:

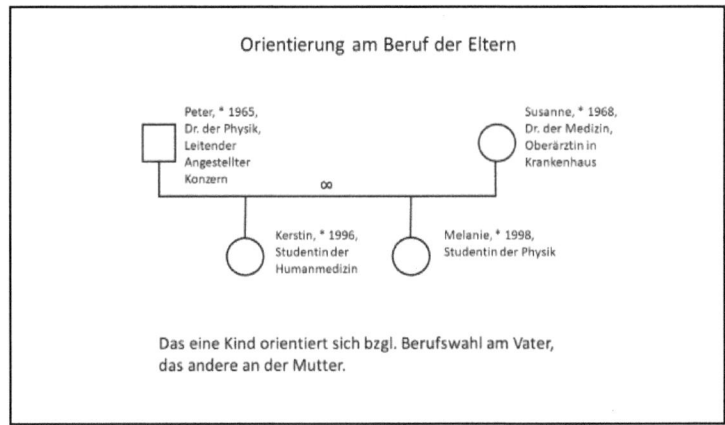

Abbildung 10: Orientierung am Beruf der Eltern (Beispiel)

Blicken wir auf diese –sehr zielstrebig und strukturiert wirkend Familie – fiktive 15 Jahre später. Die Eltern Peter und Susanne würde sich in etwa folgendes Bild wünschen:

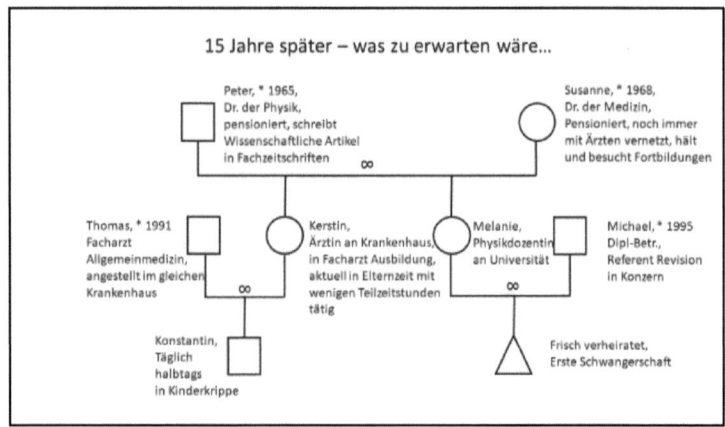

Abbildung 11: 15 Jahre später - was zu erwarten bzw.
wünschen wäre...

Diese Eltern würden sich wünschen, dass:

- Beide Töchter ihre Studienentscheidung (Humanmedizin und Physik) beibehalten und das Studium jeweils erfolgreich abschließen.

- Sich beide Kinder über das Studium hinaus weiter formell fortbilden, z.B. in Form einer Facharztausbildung oder einer Forschungstätigkeit an der Universität.

- Beide Kinder einen ebenso beruflich erfolgreichen, strukturierten Lebenspartner finden.

- Die Töchter heiraten und jeweils selbst zwei Kinder bekommen.

- Beide Töchter ein Modell finden, wie Mutterschaft und eigene Berufstätigkeit miteinander vereinbar ist. Ein solches Modell wurde ihnen von den eigenen Eltern entsprechend vorgelebt.

- Sich die Töchter auch die eigenen Eltern zum Vorbild nehmen können hinsichtlich der Frage, wie geht man mit dem eigenen Älterwerden und Ausscheiden aus dem Berufsleben um, und dies den Eltern in positiver Weise selbst gelungen ist.

- Es auch weiterhin ein gutes familiäres Miteinander gibt, d.h. die Eltern gestalten eine aktive Beziehung mit den Schwiegersöhnen, kümmern sich in guter Absprache um den Nachwuchs, laden beide Familien 1x jährlich zu einem gemeinsamen kleinen Urlaub ein, helfen finanziell beim Hausbau und dergleichen mehr.

- Es ein ähnlich förderliches Milieu für die eigenen Töchter und die Enkelkinder durch die anderen Schwiegereltern gibt.

- Die Schwiegersöhne ebenfalls Geschwister haben, zu diesen gute Beziehungen haben, und hieraus ein förderliches Miteinander für Cousins und Cousinen gestaltet wird.

Interessant wäre hier auch die Großelterngeneration. Welche förderlichen Entwicklungsbedingungen haben beide Eltern jeweils in ihren Herkunftsfamilien erlebt, um selbst so gut ins Leben zu starten, und auch den eigenen Kindern ein positives Vorbild sein zu können?

‚Das Neue folgt – wenn es in Erscheinung tritt – immer aus der Vergangenheit, doch bevor es auftritt, folgt es per definitionem nicht aus der Vergangenheit. [...] Aber erst im Blick zurück kann das Neue als in das Vergangene integrierbar erscheinen.'[77]

Erwachsenwerden und Verselbständigungsprozesse

Nehmen wir das fiktive Beispiel eines Bankdirektors mit 2 Söhnen und eines selbständigen Elektrikers mit zwei Söhnen, alle in ähnlichem Alter.

Die Söhne des Bankdirektors besuchen beide eine Universität, die Söhne des Elektrikers gehen bei befreundeten Handwerksmeistern, die die Jungen von Kindheit an über die Dorfgemeinschaft kennen, in die Lehre.

Analysiert man diese Genogramme aktuell und dann 10 Jahre später hinsichtlich Verselbständigungsprozessen (also Partnerwahl und Sicherung des eigenen Lebensunterhalts), so zeigt sich:

Die Söhne des Bankdirektors hängen ggf. lebenslang an der ‚finanziellen Nabelschnur' der Eltern. Sie mögen weit entfernt vom Elternhaus wohnen und eigene Konzernkarrieren bestreiten, aber noch immer

---

[77] Bruno Hildenbrand, Einführung in die Genogrammarbeit, Carl-Auer Verlag, 1. Auflage 2005, S. 81

mit sehr viel Unterstützung durch den einflussreichen Vater.

Die Söhne des Elektrikers haben inzwischen beide ihre Meisterprüfung abgelegt, erfolgreich eigene Firmen gegründet, geheiratet, im gleichen Ort Häuser gebaut und sind Väter geworden – alles noch vor dem 30sten Lebensjahr.

‚Durch die Strukturähnlichkeit von Systemen können leicht Verwechslungen auftreten. So kann die Beziehung zum Vater und die Beziehung zum Chef eine ähnliche Struktur aufweisen.'[78] – im Fallbeispiel der Handwerkerlehre vorteilhaft.

Modernisierungsschub

Ein Modernisierungsschub bei der Berufswahl bedeutet eine Weiterentwicklung der nächsten Generation von einem traditionellen Beruf der Eltern zu einem neuen, ggf. abstrakteren Berufsbild.

Eine Handwerkerfamilie würde einen massiven Modernisierungsschub erleben, indem ein Kreativberuf oder eine handwerkliche Nische vom Sohn gewählt wird.

---

[78] Matthias Varga von Kibéd, Insa Sparrer, Ganz im Gegenteil, Tetralemmaarbeit und andere Grundformen Systemischer Strukturaufstellungen – für Querdenker und solche, die es werden wollen, Carl-Auer Verlag, 10. Auflage, 2018, S. 142

Ein Landwirtschaftsbetrieb erfährt Modernisierung durch moderne Technik, ein Elektriker bildet sich weiter zum Photovoltaik Spezialisten etc.

‚Schließlich ist hier auf die Tendenz hinzuweisen, dass von der künftigen Generation jeweils mindestens der Erhalt, eher noch eine Verbesserung des erreichten beruflichen Status erwartet wird, der wiederum als Transformation zum Identischen oder Äquivalenten realisiert werden kann: vom Schlosser zum Werkzeugmacher, vom Werkzeugmacher zum technischen Zeichner.'[79]

Die Rolle der Frau

‚Beachten Sie bei der Betrachtung Ihres Stammbaums, welche Rollen die Frauen in Ihrer Familie über die Generationen hinweg gespielt haben, und vergessen Sie nicht, sie im Kontext der vorherrschenden kulturellen Zwänge ihrer Zeit zu sehen. Früher wurden Frauen in erster Linie nach ihrer Schönheit beurteilt und nach ihrer Fähigkeit, eine gute Mutter und Hausfrau zu sein.'[80]

Hier kann so manche moderne Frau in einen massiven Konflikt geraten, wenn Rollenvorbilder zur Vereinbarkeit von Beruf und Familie fehlen, und in

---

[79] Bruno Hildenbrand, Einführung in die Genogrammarbeit, Carl-Auer Verlag, 1. Auflage 2005, S. 71

[80] Monica McGoldrick, Wieder heimkommen. Auf Spurensuche in Familiengeschichten, Carl-Auer Verlag, 3. Auflage, 2013, S. 216

diesem Punkt wenig Unterstützung durch die eigene Herkunftsfamilie gegeben ist.

Re-Inszenierung von Familiensystemen

Häufiger als wir es uns eingestehen wollen werden im beruflichen Kontext alte Familiensysteme re-inszeniert. Beispiele hierzu:

- Eine inzwischen erwachsene Tochter eines dominanten, autoritären Vaters arbeitet als Assistentin eines inhabergeführten Mittelstandsunternehmens für einen dominanten Chef, und füllt diese Arbeitsstelle mit Bravour aus.

- Ein inzwischen erwachsener Sohn, der einen sozialen Vater und einen biologischen Vater (mit eigener Familie am Nachbarort) hat, arbeitet als Projektleiter für eine Unternehmensberatung. Er ist in einem Matrixberichtsweg beim Kunden eingesetzt, und somit oft in einer Zwickmühle bzgl. Berichtsweg, Kompetenzen, Entscheidungsvollmachten. Aufgrund seines familiären Hintergrunds ist er für derart komplexe Führungslinien hervorragend geeignet.

- Eine Lehrertochter, die ihre Kindheit und Jugend über von den beiden Lehrereltern permanent auf Spur gebracht wurde, wird selbst Lehrerin, hat selbst Kinder, achtet bei den eigenen Kinder ebenso auf sämtliche vordefinierten Kompetenz- und Lernziele.

Größe der eigenen Familie

Die Größe der eigenen Familie und Verwandtschaft, wie dies als Kind erlebt und später erinnert wird, kann beeinflussen, ob jemand lieber in einer großen oder einer kleinen Firma arbeiten möchte. Dies kann Thema im Business Coaching werden.

Ein Beispiel: Ein Klient fragt sich, ob er vom Großkonzern in ein Start-up wechseln soll, mit der Chance auf eine Führungsposition in einem hoch innovativen Themengebiet.

Der Blick auf sein Genogramm zeigt eine Fülle an Menschen, die gar nicht alle auf ein Blatt passen. Die Großmutter des Klienten hatte 10 Geschwister (die dann ja selbst alle wieder zahlreich Nachkommen haben), als Kind hatte er oft die verschiedenen Familienzweige getroffen, im Rahmen von Familienfesten sind dabei auch schon mal mehrere Hundert Menschen gleichzeitig zusammengekommen.

Im Großkonzern fühlt er sich sehr wohl und gut aufgehoben. Es gefällt ihm sehr, immer wieder mit anderen Abteilungen Themen abstimmen zu dürfen, und eine Vielzahl an beruflichen Kontakten zu haben, auch wenn er dabei nur ein kleines Rad im großen Ganzen ist.

Wird diese Parallele zwischen eigener Herkunft und aktueller beruflicher Einbindung im Rahmen des Coachings explizit gewürdigt, so kann dies den Blick auf die eigene berufliche Zukunft um eine hier wichtige Dimension erweitern.

Ein anderes Beispiel: Im Gegensatz dazu ein Einzelkind, dessen Eltern auch Einzelkinder waren. Das Genogramm ist insgesamt sehr überschaubar, alle Beziehungen überschaubar, klar, jederzeit gut geregelt. Diese Frau heiratet einen Mann, der ebenfalls Einzelkind ist. Sie bekommen wiederum genau ein Kind.

Diese Frau arbeitet fast ihr ganzes Leben lang am gleichen Arbeitsplatz, als Buchhalterin eines kleinen Fachgeschäfts. Dort arbeitet außer ihr das Inhaber Ehepaar und eine weitere feste Mitarbeiterin. Die Klientin fühlt sich dort sehr wohl, die kinderlosen Inhaber nehmen eine Art Elternrolle für sie ein. Sie bleibt ihr ganzes Leben lang am gleichen Ort.

In der Rente kümmert sie sich gemeinsam mit ihrem Mann an fest geregelten Tagen liebevoll und zuverlässig um ihr einziges Enkelkind. Gemeinsam pflegen sie einen sehr schönen Garten und unternehmen Ausflüge zu zweit. Das Paar pflegt ein paar Sozialkontakte zu Nachbarn und ehemaligen Arbeitskollegen, und ist glücklich zu zweit.

Wiederkehrende Muster

Über die eigene Kernfamilie hinaus lohnt ein Blick auf frühere Generationen und Seitenäste, Tanten, Onkel, Cousins, Cousinen. Im Gesamtkontext kann man wiederkehrende Muster erkennen, wie im folgenden Beispiel einer modernen Landwirtschaftsfamilie:

Landwirtschaftliche Familienbetriebe

In landwirtschaftlichen Familienbetrieben findet meist eine frühe Einordnung in den Familienbetrieb statt.

Oft ist der erstgeborene Sohn der Nachfolger, die nachgeborenen Kinder suchen sich meist Berufe im landwirtschaftlichen Umfeld am gleichen Ort:

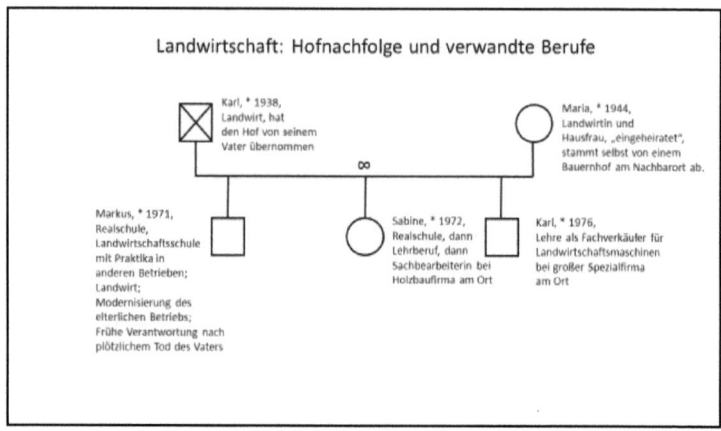

Abbildung 12: Landwirtschaft - Hofnachfolge und verwandte Berufe (Beispiel)

Blicken wir 20 Jahre später auf diese Familie:

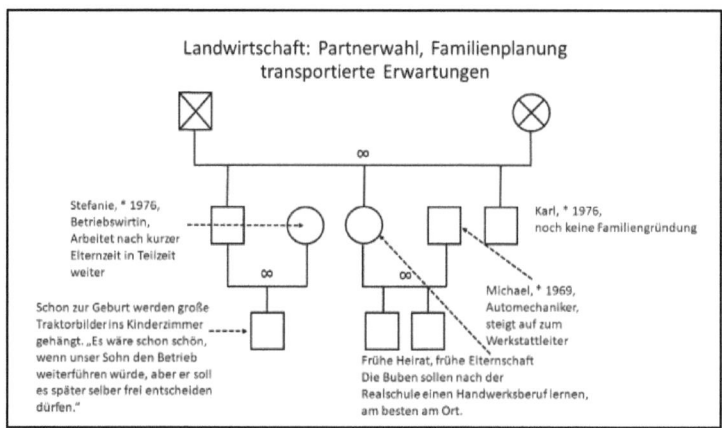

Abbildung 13: Partnerwahl, Familienplanung und transportierte Erwartungen (Beispiel)

Der älteste Sohn hat die Hofnachfolge übernommen und selbst eine Familie gegründet. Hildenbrand: ‚Er folgt also dem Familienauftrag (Delegation)'[81], den landwirtschaftlichen Familienbetrieb verantwortungsvoll fortzuführen.

Sein Sohn wächst am Bauernhof auf, jedoch in einem sehr modernen Setting: Die Mutter arbeitet Teilzeit, das Kind besucht eine Kinderkrippe. Der Vater bringt den Sohn manchmal mit dem Traktor zur Krippe.

Die Tochter hat früh geheiratet und zwei Kinder bekommen. Als Mutter arbeitet sie Teilzeit in dem Betrieb, in dem sie seit ihrer Ausbildung angestellt ist. Die Buben besuchen die Realschule, sind fleißig und

---

[81] Bruno Hildenbrand, Einführung in die Genogrammarbeit, Carl-Auer Verlag, 1. Auflage 2005, S. 50

ordentlich. Nach der Mittleren Reife soll nach Meinung der Eltern auf alle Fälle erstmal ein Handwerksberuf gelernt werden. Hierzu Hildenbrand: ,Wenn sie eine Mittlere ist und Brüder hat, was bleibt für sie an Unterstützung seitens der Eltern?'[82] Man kann also spekulieren, dass Sabine früh selbständig hat werden müssen, im vorgegebenen Elternhaus.

Der jüngste Sohn ist freier in seiner Lebensgestaltung – die Erwartungen der Eltern (Sicherung der Hofnachfolge, Berufstätigkeit, Fleiß, Treue zum Arbeitgeber) sind bereits durch die beiden älteren Geschwister abgedeckt.

Interessant ist ein Blick auf die Generation der Kinder. Welche Erwartungen, Ziele, Perspektiven und Werte werden transportiert? Welche Berufe werden von den Eltern favorisiert, welche eher abgelehnt werden? Wie werden sich diese Kinder später einmal abgrenzen, welche Werte werden sie aus dem Elternhaus für sich selbst übernehmen?

D, DAS GENOGRAMM IM BUSINESS COACHING

Wir möchten nun mit diesem Grundlagenwissen das Genogramm im Business Coaching einsetzen. Björn Migge zum Thema ,Wirkungsvoll fragen':

,Der Blick zurück sollte jedoch immer dazu dienen, im Jetzt zu mehr Klarheit und Freiheit zu gelangen. Und

---

[82] Bruno Hildenbrand, Einführung in die Genogrammarbeit, Carl-Auer Verlag, 1. Auflage 2005, S. 44

der Zusammenhang mit dem Arbeitsauftrag und dem Ziel des Klienten muss deutlich sein.'[83]

Der Klient entscheidet also, ob er ein Genogramm erstellen möchte und dies für sein aktuelles Anliegen als hilfreich empfindet.

Die objektiven Möglichkeiten zum damaligen Zeitpunkt

Anhand des Genogramms kann der Klient selbst erkennen, wie sich mögliche Prägungen aber auch eventuelle Einschränkungen zum Zeitpunkt der Berufswahl auf ihn ausgewirkt haben. Prägungen aus dem Elternhaus sind beispielsweise:

- Der Umgang mit Geld. Wieviel Geld ist da, wieviel Geld wird verdient, durch wen? Wer gibt das Geld aus, in welchen Mengen, wofür? Wie wird über Geld gesprochen? Sprechen die Eltern immer nur über Ausgaben und Kosten oder auch über Investments und Gewinne? „Das Geld kann für Liebe stehen, für Sicherheit, Glück, Erfolg, Macht, Scham, Stolz, Angst und viele andere Dinge."[84]

- Der Stellenwert der Bildung. Was sind die Eltern bereit, für die Bildung der Kinder in Kauf zu

---

[83] Björn Migge, Handbuch Coaching und Beratung, Beltz Verlag, 4. Auflage, 2018, S. 103

[84] Monica McGoldrick, Wieder heimkommen. Auf Spurensuche in Familiengeschichten, Carl-Auer Verlag, 3. Auflage, 2013, S. 326

nehmen? Bekommt ein Kind Klavierunterricht, Reitstunden, Tennisunterricht? Wie wird über Schule, Schulabschluss, Ausbildung, Studium gesprochen? Erlebt das Kind, dass sich die eigenen Eltern weiterbilden?

- Die <u>Freude an der Arbeit</u>. Wird zuhause von den Arbeitsstellen der Eltern erzählt? Was wird erzählt, wie? Wird dem Kind vermittelt, dass Arbeit Spaß machen, Sinn stiften und Zufriedenheit mit sich bringen kann? Nimmt das Kind die Eltern als kompetente Entscheider / Gestalter wahr, oder als beruflich Getriebene?

- Der <u>Umgang mit dem Fremden</u>. Sprechen die Eltern Fremdsprachen, gibt es Gäste aus anderen Ländern im Elternhaus, werden gemeinsame Reisen in andere Länder unternommen? Gibt es Gastschüler und Auslandsaufenthalte? Oder Fremdenfeindlichkeit und Ablehnung alles Neuem und Andersartigem?

- Der Stellenwert von <u>Religion und spirituellen Werten</u> innerhalb der Familie.

- <u>Umgang mit Angst und Unsicherheit</u> – Beispiel Corona kollektiver, weltweiter Shutdown. Sind die Eltern trotzdem noch feinfühlig im Umgang mit dem Kind, vermitteln sie Zuversicht und Freude? Welche Erfahrungen und Einsichten gibt es in den familiären Wurzeln zum Thema Krise, Bedrohung, Krankheit?

Nach dieser Analyse der Herkunftsfamilie, der Möglichkeiten zum Zeitpunkt der ersten Berufswahl kann man – in einer Folgestunde – einen Schritt weiter gehen:

Die ergriffenen Möglichkeiten im Rückblick

In den Jahren nach dem Berufsstart erfolgen oft weitere Schritte in Richtung persönliches Wachstum. So mag ein Handwerkergeselle die Meisterschule besuchen, ein Schlosser eine Technikerausbildung aufsetzen, eine Sekretärin ein Abendstudium in Betriebswirtschaft absolvieren.

Der erste Beruf ist geschafft, und es wird ein Schritt weiter gegangen. Hierbei Erfolg oft die Orientierung weg vom eigenen Elternhaus, Vorbilder und Förderer werden in der neu geschaffenen beruflichen Umgebung gesucht und gefunden.

Es lohnt, hierzu Rückschau zu halten, und festzuhalten, welche Ressourcen genutzt und ausgebaut wurden, welche beruflichen Schritte geschafft wurden, wer hier in der weiteren Orientierung wichtig war.

Das aktuelle Anliegen

Oft kann nun das aktuelle Anliegen besser verstanden werden – anstatt direkt mit einem aktuellen Anliegen zu starten, haben Coach und Klient innerhalb von 2-3 Stunden viel Hintergrundwissen erworben, wie es dazu kam, dass der Klient genau da steht, wo er ist, und genau dieses Anliegen hat.

Das aktuelle Anliegen kann im Kontext von Vater und Mutter stehen, auch wenn die Ablösung aus dem Elternhaus bereits Jahrzehnte zurückliegt. Beispiele:

- Der <u>Start in die Selbständigkeit</u> will nicht gelingen. Immer wieder treten Barrieren auf, die richtige, zündende Geschäftsidee will nicht entstehen. Es bleibt bei jahrelangen Vorbereitungen. Wenn der Blick auf das Genogramm zeigt, dass kein Vorbild für Unternehmertum innerhalb der eigenen Familie (und Verwandtschaft!) da ist, sondern lauter Pfarrer, verbeamtete Lehrer und Forscher, so wird dies verständlicher.

- <u>Schneller, höher, weiter.</u> Ein Unternehmensberater arbeitet dauerhaft eine 80-Stunden-Woche, die Mandate werden immer größer und verantwortungsvoller, berufliche Zufriedenheit stellt sich aber nie ein. Wie auch, wenn für den eigenen Vater – Vorstandsvorsitzender eines Großkonzerns – nie die eigene Leistung gut genug war? Der Blick auf das Genogramm zeigt einen sehr leistungsorientierten Großvater, massive Konkurrenz zwischen Vater und Onkel, die kaum Raum für Privates lässt, und wie dieses Lebensgefühl über drei Generationen weitergegeben wird.

- Eine 40jährige Klientin hat es noch immer nicht geschafft, einen Beruf und eine Partnerschaft aufzubauen. Sie war ihr Leben lang immer Indexpatientin einer kranken Familie, die Kleine, das Nesthäkchen, das Kind, um das man sich besonders kümmern musste. Nun plötzlich hat die eigene Mutter einen Schlaganfall und erstmals wird von ihr verlangt, <u>Verantwortung zu übernehmen</u>.

Sie hat gerade über den zweiten Bildungsweg eine Ausbildung als Buchhalterin angefangen, es lief alles endlich gut, nun wird sie vollständig aus der Bahn geworfen und schafft gar nichts mehr. Der Blick auf das Genogramm zeigt eine Familie, bei der sich alle immer nur um diese Klientin gekümmert haben.

Fragen an das Genogramm - konkret

Mit dem Wissen des Genogramms und der soziologischen Rahmenbedingungen kann man aus der heutigen Position dem Genogramm neue Fragen stellen. Beispiele:

-   Der <u>Start in die Selbständigkeit</u>. Wer aus dem erweiterten Genogramm könnte dazu eine Hilfestellung sein? Gib oder gab es jemanden, der Selbständigkeit erfolgreich vorgelebt hat? Was lässt sich über diese Person erfahren? Möglich, dass der Klient neu Kontakt aufnimmt und eine solche Ressource gut nutzen kann.

-   <u>Schneller, höher, weiter</u>. Wer aus dem erweiterten Genogramm hat es gut geschafft, sich von den Erwartungen des eigenen Vaters abzunabeln? Gibt es z.B. einen Onkel, der weit weniger erfolgreich war als dessen Vater? Einen Cousin, der ein „bunter Vogel" ist, und einen künstlerischen Weg eingeschlagen hat, entgegen aller Erwartungen? Der Klient mag erkennen, dass ein Treffen mit diesen Verwandten hilfreich sein kann, um das aktuelle eigene Lebensthema besser zu verstehen.

- Verantwortung übernehmen. Gibt es im Genogramm Menschen, die einen ähnlich schweren Weg hatten, und trotzdem einen guten eigenen Platz haben finden können? Die Klientin sieht eine Großtante, die sie immer positiv unterstützt hat. Sie will nun mehr über diese Großtante erfahren.

,Verstehen wir, was es war, das bisher zustandsverfestigend oder problemstabilisierend gewirkt hat, kann uns dies helfen, den Kontext möglicher Veränderungen zu bestimmen.'[85]

Fragen an das Genogramm – abstrakt

Man könnte nun vom Konkreten weiter gehen, zu einem etwas abstrakteren Blick auf das Genogramm,

---

[85] Matthias Varga von Kibéd, Insa Sparrer, Ganz im Gegenteil, Tetralemmaarbeit und andere Grundformen Systemischer Strukturaufstellungen – für Querdenker und solche, die es werden wollen, Carl-Auer Verlag, 10. Auflage, 2018, S. 112

und Fragen stellen, die vielleicht zu neuen Blickwinkeln führen könnten. Dazu Varga von Kibéd / Sparrer:[86]

- Wohin soll es gehen?

- Was soll anders werden?

- Was soll statt des Problems da sein?

- Woran würde ich merken, dass das Problem verschwunden ist?

Und[87]:

- Wer könnte mich bei der Sicherstellung der Nichterreichung des Ziels noch unterstützen, auf dessen Hilfe ich in dieser Hinsicht bislang verzichtet habe?

- Wenn es mir bislang erfolgreich gelungen ist, ein Ziel zu vermeiden, wodurch könnte ich die Sicherheit dieser erfolgreichen Zielvermeidung noch erhöhen?

---

[86] Matthias Varga von Kibéd, Insa Sparrer, Ganz im Gegenteil, Tetralemmaarbeit und andere Grundformen Systemischer Strukturaufstellungen – für Querdenker und solche, die es werden wollen, Carl-Auer Verlag, 10. Auflage, 2018, S. 47
[87] Matthias Varga von Kibéd, Insa Sparrer, Ganz im Gegenteil, Tetralemmaarbeit und andere Grundformen Systemischer Strukturaufstellungen – für Querdenker und solche, die es werden wollen, Carl-Auer Verlag, 10. Auflage, 2018, S. 113

Man kann derartige Fragen auf Kärtchen drucken und dem Klienten 1-2 solcher Fragen als freiwillige Hausaufgabe mitgeben, wenn es passt.

Genogrammarbeit in der Laufbahnberatung[88]

Im INQUA-Institut Berlin verwendet dessen Leiter Martin Hertkorn eine Biografie orientierte Laufbahnberatung. Hierbei wird in 4 Schritten gearbeitet – ich zeige dies an einem anonymisierten Beispiel aus eigenem Business Coaching:

Zum Business Coaching kommt eine 24jährige Frau, die deutlich jünger wirkt, unsicher ist, und kaum in Kontakt gehen kann. Sie berichtet von vielen Umzügen, dem Zusammenleben mit ihren Eltern, dem doch noch geschafften Abitur, abgebrochenen Ausbildungen und immensen Problemen jetzt im Studium.

1, Gemeinsam mit der Klientin wird ihr Genogramm aufgezeichnet.

---

88 Zusammengefasst nach Bruno Hildenbrand, Genogrammarbeit für Fortgeschrittene. Vom Vorgegebenen zum Aufgegebenen, Carl-Auer Verlag, 1. Auflage, 2018, S. 158-167

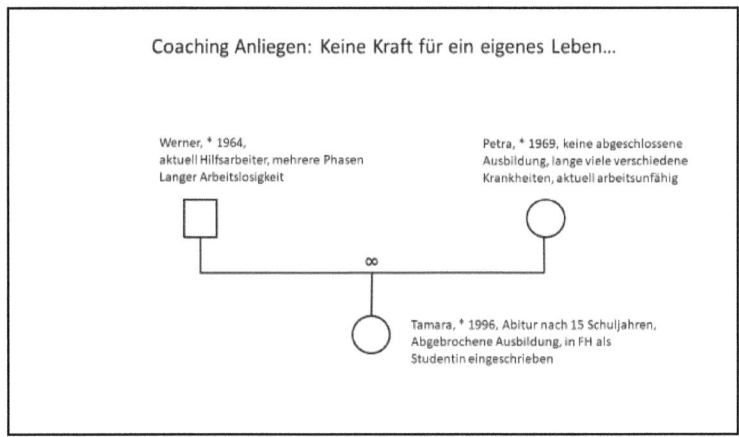

Abbildung 14: Coaching Anliegen - keine Kraft für das eigene Leben (Beispiel)

Hintergrundinformationen zum Beispielfall:

- Die Klientin betont, dass die Großeltern im Genogramm nicht wichtig sind, und weggelassen werden sollen. Sowieso würde sie nichts über die Großeltern wissen. Es gibt nur sehr selten Telefonkontakt zur einzig noch lebenden Oma. Möglicherweise weiß sie aber sehr wenig über ihre Großeltern und antwortet daher ausweichend. Das Thema Großeltern kann man also ggf. später neu aufgreifen.

- Die Familie ist insgesamt 5x umgezogen als die Klientin zwischen 7 und 17 Jahre alt ist. Immer wieder wird ein Neustart in einer neuen Stadt versucht, der nie richtig gelingen will.

- Die Eltern sind beide keine Kraftressource für die mittlerweile junge Erwachsene. Sie schafft es aber auch nicht, mit 24 Jahren auszuziehen und selbständiger zu werden.

- Es gibt Verwandte mit positiven Ressourcen, doch diese wohnen weit weg, so dass nur selten sporadischer Kontakt besteht. Überhaupt hat diese Kernfamilie kaum Außenkontakte.

Anmerkung: ‚Die Eltern müssen, um als kompetente Eltern handeln zu können, selbst die Ablösung von den Eltern erfolgreich bewältigt haben. Damit kommt die Großelterngeneration (vom Kind aus gesehen) in den Blick.'[89] Der offensichtliche Bruch der Eltern mit den eigenen Eltern könnte Hinweise geben, was hier im Argen liegt.

2, Nun werden die Vorfahren und nahestehenden Familienmitglieder mit Klebezetteln versehen, auf denen deren fachliche und soziale Kompetenzen vermerkt werden. ‚Um das Genogramm entsteht ein Rahmen, gefüllt mit den Stärken des Systems'.[90] Dies führt in der Regel zu einer ‚Neubewertung der inneren

---

[89] Bruno Hildenbrand, Einführung in die Genogrammarbeit, Carl-Auer Verlag, 1. Auflage 2005, S. 20

[90] Martin Hertkorn, Ressourcenorientierte Genogrammarbeit, Fachartikel im Coaching Magazin vom 21.11.2012, S. 4

Landkarte' und ‚löst einen Motivationsschub zur Selbstentwicklung aus'.[91]

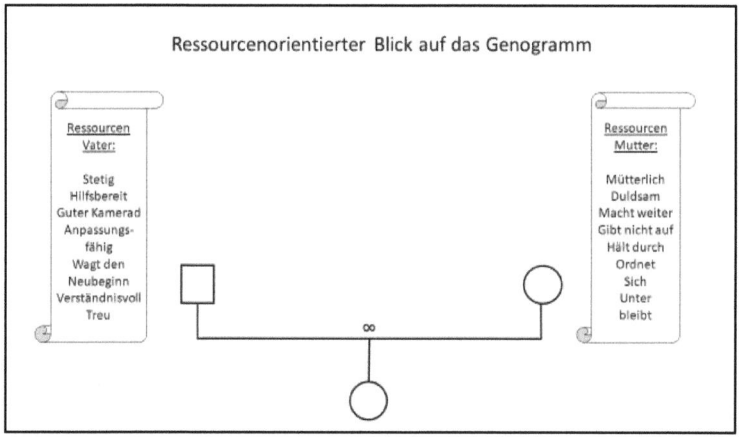

Abbildung 15: Ressourcenorientierter Blick auf das Genogramm (Beispiel)

3, Nun werden die Werte der vorausgegangenen Generationen auf Moderationskarten aufgelistet. Damit kann die Klientin vom Vorgegebenen zum Aufgegebenen kommen. Es wird reflektiert, welche Werte die Klientin beibehalten und welche sie selbst weiterentwickelt hat.

---

[91] Martin Hertkorn, Ressourcenorientierte Genogrammarbeit, Fachartikel im Coaching Magazin vom 21.11.2012, S. 4

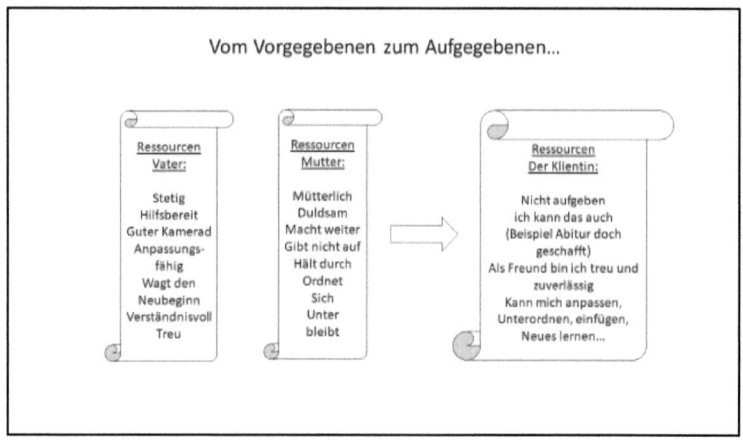

Abbildung 16: Vom Vorgegebenen zum Aufgegebenen...

4, Dem kann die Arbeit mit Glaubenssätzen folgen. Damit gemeint sind Grundüberzeugungen, die für die Klientin Leitlinien ihres Handelns darstellen. „Auf Minuchin geht die Überlegung zurück, dass in „psychosomatischen Familien" ein Kind seine Eltern so lange nicht verlassen kann, als es der Auffassung ist, die Eltern als Paar zusammenhalten zu müssen."[92] Diesen ggf. unbewusst vorhandenen Glaubenssatz könnte man in einem Folgecoaching vorsichtig einbringen, abgewandt, beispielsweise in Form eines Märchens.

Man könnte nun die Klientin mit einer universellen Wertestruktur vertraut machen, und dann ihre individuelle Wertestruktur genauer herausarbeiten:

---

[92] Bruno Hildenbrand, Einführung in die Genogrammarbeit, Carl-Auer Verlag, 1. Auflage 2005, S. 68

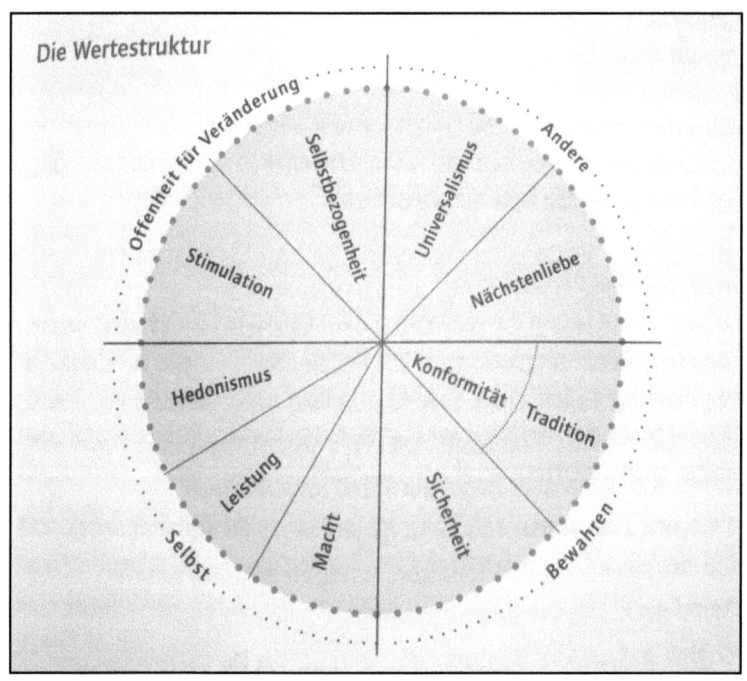

Abbildung 17: Die Wertestruktur, Aus Peter-Christian Patzelt, Coaching. Für Coachs, Chefs & Co., S. 33

Diese Wertestruktur nach Shalom Schwartz wurde in 82 Ländern erprobt und ist universell anwendbar. Bedeutsam sind dabei die jeweils 2 gegenüberliegenden Achsen, die quasi kontroverse Werte darstellen.[93]

Diese Klientin liegt dabei höher im Bereich „Bewahren" und „Andere", was ggf. richtungsweisend für ihre Berufswahl sein kann.

In einer Folgesitzung wird das Genogramm der Kernfamilie erweitert um Verwandte und weitere Ressourcen, die am früheren Heimatort leben, schon verstorben sind, oder in Folge der vielen Umzüge verlorengegangen sind. Hieraus können neue Kraftquellen entstehen und alte förderliche Kontakte neu aufleben.

In einer weiteren Sitzung wird separat davon der Lebenslauf anhand eines qualitativen Leitfadeninterviews analysiert. Daraus entsteht ein Kompetenzprofil. Alle sozialen und fachlichen Fähigkeiten werden – als Hausaufgabe- in vorgefertigte Listen eingetragen, ebenso Interessen und Werte.

Hieraus kann nun für die Klientin ein neuer Blick auf das eigene Leben entstehen, ein positiver Impuls, der einen mutigen Schritt in Richtung „das eigene Leben suchen" gehen lässt.

---

[93] Peter-Christian Patzelt, Coaching. Für Coachs, Chefs & Co., Verlag Schöne Plaik, 1. Auflage, 2012, S. 33f.

Abschließend möchte ich zurückkommen zu meiner etwas provokant-kritischen Ausgangsfrage:

> Können Genogramme im Rahmen des klassischen Business Coaching eingesetzt werden?
>
> Welcher Nutzen und Mehrwehrt ist daraus möglich?
>
> Gibt es Chancen und Risiken?
>
> Was spricht dafür, was dagegen?

Wie anfangs erwähnt gibt es hierzu noch kaum Literatur, da die Themenkombination „Genogramme im Business Coaching" neu ist.

Meine abschließende Bewertung wie folgt:

Nutzen und Mehrwert

Es liegt in der Natur des Menschen die eigene Abstammung kennen zu wollen. Durch das Genogramm kann sich ein Klient seines Familiennetzes (wieder) bewusst werden, und z.B. mit entfernten Verwandten (wieder neu) Kontakt aufnehmen wollen.

Der Blick auf das Genogramm kann einen Perspektivenwechsel ermöglichen durch offene Fragen an die Protagonisten der Vergangenheit, z.B. Welche Frau wird sich dieser Mann damals gesucht haben, welche Ausbildung hat sie damals machen können etc.

Das Genogramm kann einen Blick auf die möglichen Prägungen, vorhandene Einschränkungen und wahrgenommene Möglichkeiten der eigenen Eltern eröffnen. Berufswahl, Partnerschaften, Familiengründung der eigenen Eltern können so neu gesehen werden – mit dem Blick auf Eltern und Großeltern als junge Menschen in der damaligen Zeit.

Das Wissen um die eigene Herkunft kann innerlich reicher und freier machen. Die innere Erlaubnis für einen beruflich neuen Schritt kann ggf. selbst erst gegeben werden, wenn eine vollständige Würdigung der eigenen Herkunft und Prägung erfolgt ist.

Chancen

Genogramme können einen neuen Blick auf das eigene Leben ermöglichen. Gut möglich, dass so das „Thema hinter dem Thema" oder das „Ziel hinter dem Ziel" gefunden werden kann.

‚Unsere Vorstellung ist es bekanntlich nicht, dass die Genogramm Arbeit alle Rätsel von Klienten und Patientinnen zu lösen imstande sein könnte. Sie bietet stattdessen einen Einstieg in Einzel- und Familiengespräche und trägt so dazu bei, rasch zum Kern der Problematik zu kommen.

Sie bietet des Weiteren die Chance, lebenspraktisch orientierte Themen über Aufgaben, die im Ablöseprozess zu bewältigen sind, anzusprechen. Diese Themen stellen ein willkommenes Gegengewicht zu einer Tendenz mancher Klienten dar, sich auf quälende, durchweg auf der Stelle tretende Erörterungen über missliche Gefühlszustände einzulassen.'[94]

Die Einbindung in die eigene Genealogie kann dem Klienten einen neuen Blick auf das eigene Leben ermöglichen, z.B. weg von der Sicht „Was habe ich als Kind/als Partner/vom Leben... alles nicht bekommen" hin zu „Wie viele Kinder und junge Erwachsene gibt es doch in meinem Genogramm, denen auch ich ein Vorbild und eine Stütze sein will!"

‚Genogrammarbeit [...] ist dann beendet, wenn das Muster, das es zu erschließen gilt, gefunden ist und bestätigt werden konnte. [...] Genogrammarbeit

---

[94] Bruno Hildenbrand, Einführung in die Genogrammarbeit, Carl-Auer Verlag, 1. Auflage 2005, S. 101

markiert demnach eine Durchgangsphase im therapeutischen Prozess.'[95]

‚Genogramme sind nicht allein in die Vergangenheit gerichtet, sondern „ein Gefüge" in dem sich die Achsen von Vergangenheit, Gegenwart und Zukunft schneiden wie in dem Individuum, das das Genogramm zu Papier brachte.'[96]

Risiken

Die Arbeit mit Genogrammen kann deutlich über ein klassisches Business Coaching hinausgehen, und therapierelevante Themen streifen. Allerdings: Wenn ein Klient therapierelevante Themen hat, und diese im Rahmen eines professionellen Business Coachings nicht ans Licht kommen, so müsste man doch eigentlich das ganze Coaching in Frage stellen…

Das Genogramm kann schreckliche wiederkehrende Muster im Generationsgefüge deutlich werden lassen, z.B. Erbkrankheiten, psychische Krankheiten, Sucht. Diese Erkenntnis kann beim Klienten eine Krise auslösen. Allerdings: Derartige Themen sind betroffenen Menschen in der Regel bereits unbewusst bekannt.

---

[95] Bruno Hildenbrand, Einführung in die Genogrammarbeit, Carl-Auer Verlag, 1. Auflage 2005, S. 69
[96] Zitat P. Heinl aus Hans G. Ruhe, Methoden der Biografiearbeit, Beltz Verlag, 2. Auflage, 2003, S. 140

‚Sehr beliebt bei einem oberflächlichen Vorgehen in der Genogrammarbeit ist z.B., vor allem jene Interpretationen von Genogrammdaten zu bevorzugen, die auf eine lebenspraktische Problematik hindeuten (immerhin hat man es ja mit Klienten oder Patienten zu tun). Dies bringt eine eingeschränkte, vor allem defizitorientierte Sichtweise hervor.'[97]

Ein Genogramm wird immer interpretiert. Diese Interpretation kann auch falsch sein oder falsche Rückschlüsse ziehen lassen, besonders, weil zwischen Genogramm Erstellung und der erlebten Vergangenheit vieles lebensgeschichtlich überlagert ist. Das beeinflusst unauflösbar die Interpretation.

Pro

Genogramme sind eine schnelle, systematische Methode um Herkunft und familiäres Erbe eines Menschen zu erfassen, auch die soziale Schicht, den Kulturraum, in dem er sich bisher bewegt hat.

Genogramme sind immer spannend – zumindest für den Coach.

---

[97] Bruno Hildenbrand, Einführung in die Genogrammarbeit, Carl-Auer Verlag, 1. Auflage 2005, S. 73

Für den Klienten sind Genogramme nachvollziehbar, verständlich und nachträglich selbst ergänzbar. Gerade für nüchtern-analytische Menschen gut geeignet, um ins Gespräch über emotionale Themen zu kommen. Für manchen Menschen, die sich an Herkunftsthemen erst langsam herantasten möchten, ggf. besser geeignet als z.B. Aufstellungen.

‚Genogrammarbeit und Geschichtenerzählen bereiten die Erkundung möglicher zukünftiger Lebens- und Paarentwürfe vor.'[98]

Das im Business Coaching erstellte Genogramm kann vom Klienten selbst zu einem persönlichen Stammbaum erweitert werden, der auch Fotos und Erinnerungsstücke enthält. Er kann sich selbst, die eigenen Wurzeln, Prägungen, Einflüsse, lebensgeschichtliche Themen dadurch besser verstehen lernen.

Diese Arbeit kann ‚ein Bewusstsein dafür vermitteln, dass man in ein Netz eingewoben ist. Jeder ist unverzichtbarer Teil einer Lebenskette, die vor der Geburt angefangen hat und nach dem Tod nicht enden wird.'[99]

---

[98] Bruno Hildenbrand, Einführung in die Genogrammarbeit, Carl-Auer Verlag, 1. Auflage 2005, S. 94
[99] Hans G. Ruhe, Methoden der Biografiearbeit, Beltz Verlag, 2. Auflage, 2003, S. 34

Contra

Genogrammarbeit erfordert auf Seiten des Coachs Ausbildung und Erfahrung mit dieser Methodik, auch gute Kenntnisse der Weltgeschichte, Soziologie sowie eine sehr gute, breite Allgemeinbildung und Lernbereitschaft in diesen Themenfeldern. Wer diese Voraussetzungen nicht erfüllt, sollte keine Genogramme anbieten.

Genogramme können schnell deutlich über ein klassisches Business Coaching hinausgehen. Migge: ‚Coaching ist keine Psychotherapie und auch keine spitzfindige psychologische Diagnostik!'[100]

Die Mitgift aus dem Genogramm, z.B. frühe Trennung der Eltern, eine Abtreibung... wurden ggf. schon früher im Rahmen von Therapie oder Beratung aufgearbeitet und sind nicht Thema der aktuellen Beratung. Nur wenn es thematisch passt, also der aktuelle Konflikt lebensgeschichtlich aufgeladen ist, und der Klient dies ausdrücklich wünscht, darf ein Genogramm erstellt werden.

Selten ist es zu schaffen, ein vollständiges Genogramm in nur einer Coaching Einheit zu erstellen. Oft erstreckt sich dies über einen ganzen Abend und ist dann mehr ein Dialog mit Zeichnen als eine in sich abgeschlossene Coaching Einheit. Wer

---

[100] Björn Migge, Handbuch Coaching und Beratung, Beltz Verlag, 4. Auflage, 2018, S. 676

die Grenze zur vollständigen Verrechenbarkeit scharf zieht, darf diese Methode nicht anwenden.

Im Laufe des Lebens kann die eigene Herkunft und die Prägungen aus dem Elternhaus weniger wichtig werden, als dies noch in Kindheit, Jugend, und junger Erwachsenenzeit war.

Das Bezugssystem ändert sich, damit auch das Ziel eines Klienten für ein Business Coaching. Wenn es im Coaching um Herkunft, Prägungen der Kindheit und Herkunftsfamilie geht kann ein Genogramm hilfreich sein. Wenn andere Themen bearbeitet werden sollen, eher nicht.

Es werden im Genogramm Personen betrachtet, die nicht der Klient selbst sind und selbst einer solchen Analyse nicht zugestimmt haben. Die deutsche Datenschutzgrundverordnung (DSGVO) würde einer großen Detailanalyse ohne Anonymisierung und Abstrahierung nicht zustimmen.

Fazit

Soll man nun, oder soll man nicht, dieses mächtige Werkzeug auch im Business Coaching verwenden?

Dr. Björn Migge: ,Nicht der Coach legt fest, was hilfreich und klug sein könnte, sondern der Klient gibt an, was ihm in der aktuellen Situation hilft und weiterbringt.'[101]

Es gibt also bestimmt viele Situationen, in denen Genogrammarbeit sehr wertvoll ist!

Letzten Endes, und dies ist meine persönliche Meinung, nach sehr vielen Genogrammen:

Es heißt ja, Lösungsorientiertes Coaching blickt nach vorn, weniger zurück. Aber, um nach vorne schauen zu können, muss der Klient erstmal genauer wissen, wo er oder sie überhaupt herkommt.

In diesem Sinne verstehe ich das Genogramm als ein sehr gutes Werkzeug unter mehreren anderen.

Wann ein Coach welches Werkzeug sinnvoll einsetzt, und wie die einzelnen Werkzeuge miteinander kombiniert, ist Erfahrung und auch eine gute Portion Lust am Lernen und Ausprobieren.

In diesem Sinne hoffe ich, dass die Genogrammarbeit im Laufe der nächsten Jahre einen guten eigenen Platz auch im Business Coaching findet...!

---

[101] Björn Migge, Handbuch Coaching und Beratung, Beltz Verlag, 4. Auflage, 2018, S. 113

ABBILDUNGSVERZEICHNIS

TABELLENVERZEICHNIS

LITERATUR

Dorett Funcke, Bruno Hildenbrand, Unkonventionelle Familien in Beratung und Therapie, Carl-Auer Verlag, 1. Auflage, 2009, 250 Seiten

Monica McGoldrick, Wieder heimkommen. Auf Spurensuche in Familiengeschichten, Carl-Auer Verlag, 3. Auflage, 2013, 371 Seiten

Martin Hertkorn, Ressourcenorientierte Genogrammarbeit. Fachartikel in Coaching Magazin vom 21.11.2012, zu finden auf https://www.coaching-magazin.de / tools-methoden / ressourcenorientierte-genogrammarbeit, 12 Seiten

Bruno Hildenbrand (Hrsg.), Erhalten und Verändern, Carl-Auer Verlag, 1. Auflage, 2006, 168 Seiten

Bruno Hildenbrand, Einführung in die Genogrammarbeit, Carl-Auer Verlag, 1. Auflage 2005, 122 Seiten

Bruno Hildenbrand, Genogrammarbeit für Fortgeschrittene. Vom Vorgegebenen zum Aufgegebenen, Carl-Auer Verlag, 1. Auflage, 2018, 212 Seiten

Björn Migge, Handbuch Coaching und Beratung, Beltz Verlag, 4. Auflage, 2018, 737 Seiten

Peter-Christian Patzelt, Coaching. Für Coachs, Chefs & Co., Verlag Schöne Plaik, 1. Auflage, 2012, 258 Seiten

Hans G. Ruhe, Methoden der Biografiearbeit, Beltz Verlag, 2. Auflage, 2003

Matthias Varga von Kibéd, Insa Sparrer, Ganz im Gegenteil, Tetralemmaarbei und andere Grundformen Systemischer Strukturaufstellungen – für Querdenker und solche, die es werden wollen, Carl-Auer Verlag, 10. Auflage, 2018, 256 Seiten

Rosmarie Welter-Enderlin, Wie aus Familiengeschichten Zukunft entsteht, Carl-Auer Verlag, 2. Überarbeitete Auflage, 2006, 159 Seiten

PERSÖNLICHE SCHLUSSBEMERKUNG

Dieses Fachbuch habe ich eine Woche vor Weihnachten angefangen zu schreiben. Dabei habe ich mich an die Seitenäste meines eigenen Genogramms erinnert.

Daraus ist eine Vielzahl an kleinen Weihnachtsgeschenken entstanden, zunächst an Kinder naher Verwandter:

Dann an Kinder entfernter Verwandter, dann an Kinder von Freunden:

Es kam und kommt noch immer eine überwältigende Resonanz zurück.

Dies zeigt, dass Genogrammarbeit ein starkes, ressourcenaktivierendes, lösungsorientiertes Werkzeug sein kann!

DANKSAGUNG

An diesem Buch haben direkt und indirekt sehr viele Menschen mitgewirkt. Danke Ihnen und euch allen!

Danke zuerst an Peter-Christian Patzelt und Dr. Wolfgang Kreis für das kritische und konstruktive Lesen des ersten Manuskriptes.

Danke an Prof. Dr. Bruno Hildenbrand für sehr inspirierende Seminare und für Bücher, die man immer wieder lesen und Neues daraus lernen kann. Danke an Dr. Björn Migge für das hervorragende Handbuch ‚Coaching und Beratung' und fachlichen Austausch auch mit einigen seinen Dozenten.

Danke an Dr. Markus Weingärtner, der als Leiter der IHK Akademie Westerham ein hervorragendes Weiterbildungsinstitut führt – sehr empfehlenswert nicht nur für den Bereich Business Coaching.

Danke in zufälliger Reihenfolge an Prof. Dr. Irvin Yalom, Torben Kuhlmann, Rolf Dobelli, Tim Marshall, Janosch, Karl Heinz Brisch, Clemency Burton-Hill, Christina Berndt, Dr. Michael Klöpper, Prof. Dr. Manfred Spitzer, Prof. Dr. Matthias Varga von Kibéd und Insa Sparrer, für hervorragende Bücher, die allesamt relevantes Hintergrundwissen zu Genogrammarbeit liefern, auch wenn es in vielen dieser Büchern um andere Themenbereiche geht.

Danke an meine Coaching Kollegen in verschiedenen Peergroups für kollegialen Austausch, kritische Anregungen und ein neugieriges Immer-weiter-Lernen-Wollen...

Seit 2014 kenne ich die Methode der Genogrammarbeit. Danke an die sehr vielen Menschen, die mit mir zusammen ihre Genogramme erstellt haben, und mich dadurch diese Methode haben lernen lassen.

Als Start in dieses Thema habe ich meine eigene Familie und Verwandtschaft, dann Freunde und Bekannte, und dann erst – nach einigem Üben - fremde Personen, dann fremde Personen anderer Kulturkreise genommen.

ALLE Genogramme waren spannend...!

IN DER KÜRZE LIEGT DIE WÜRZE

In den folgenden wenigen Seiten die wichtigsten Grafiken nochmals etwas größer, quasi als Vorlage für die ersten eigenen Genogramme.

Ich wünsche Ihnen viel Freude am Ausprobieren und Neugierde, für das, was dabei entsteht!

Reihenfolge der Genogramm Erstellung

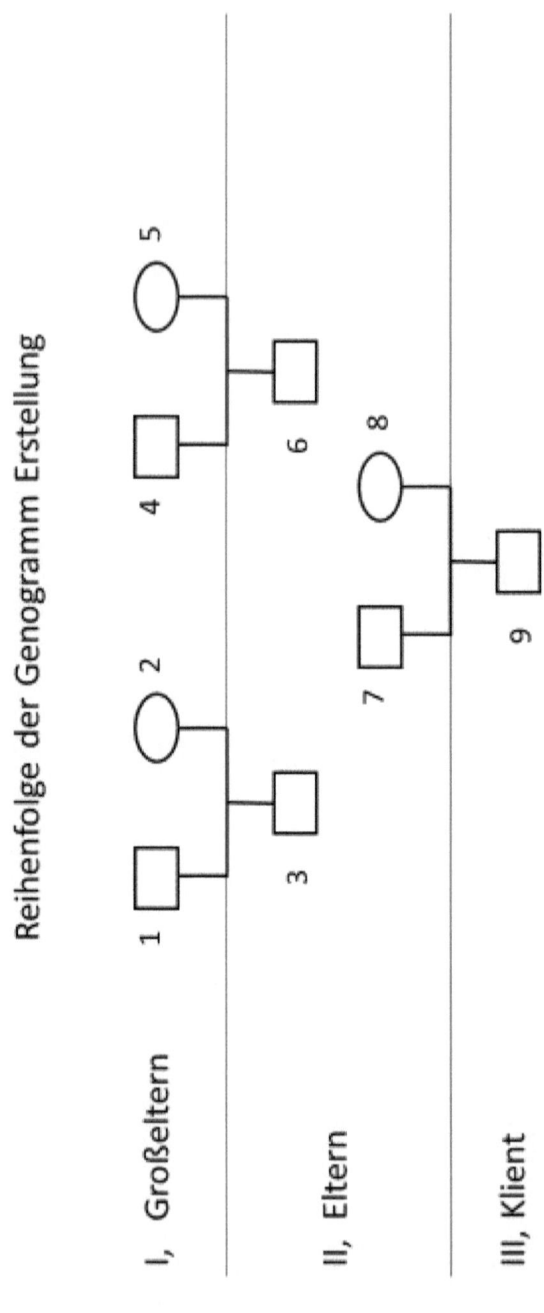

I, Großeltern

II, Eltern

III, Klient

Beispiel Genogramm

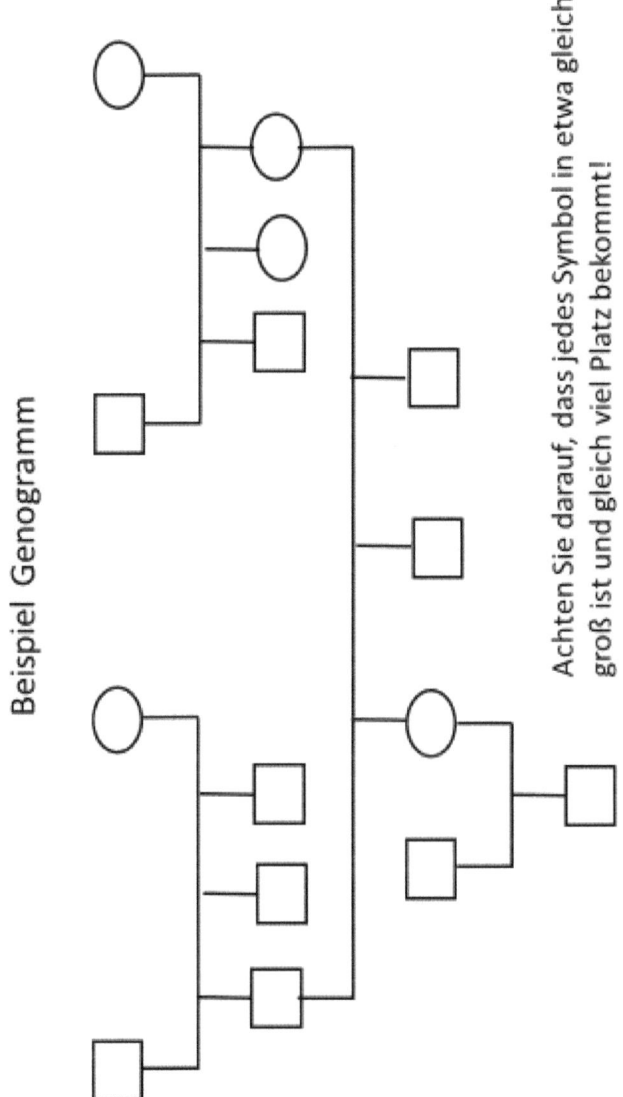

Achten Sie darauf, dass jedes Symbol in etwa gleich groß ist und gleich viel Platz bekommt!

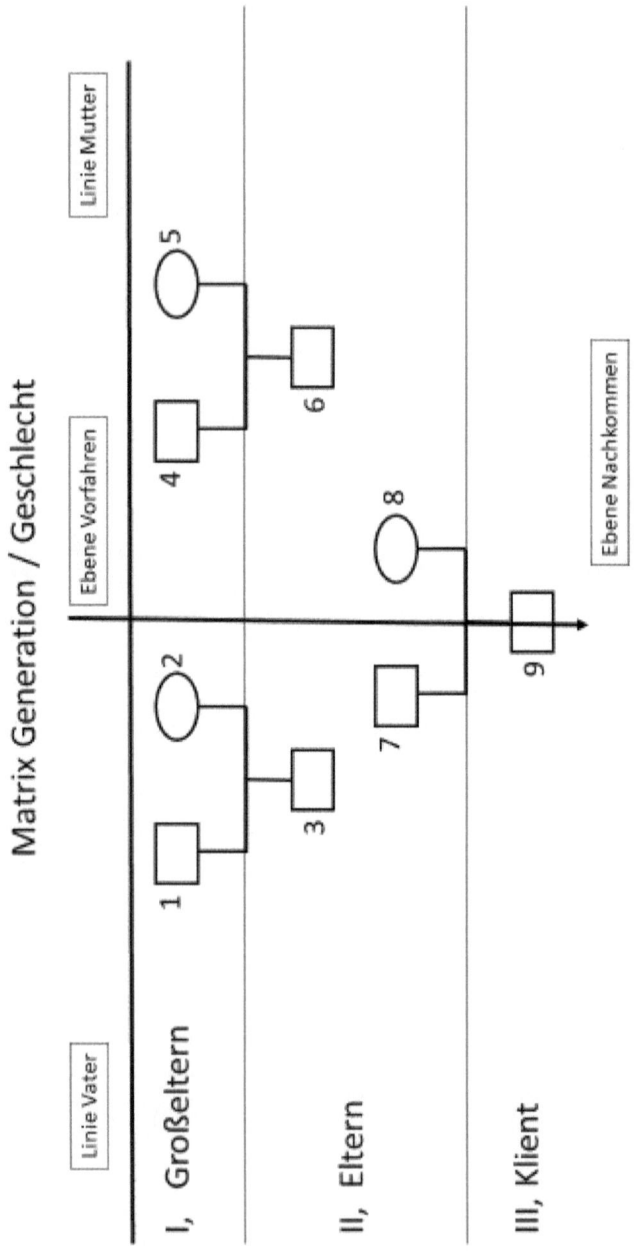

Matrix Generation / Geschlecht

Linie Vater

Linie Mutter

Ebene Vorfahren

I, Großeltern

II, Eltern

III, Klient

Ebene Nachkommen

PLATZ FÜR EIGENE NOTIZEN